Liberte-se do Passado

J. KRISHNAMURTI

LIBERTE-SE DO PASSADO

Organizado por
Mary Lutyens

Tradução de
Hugo Veloso

EDITORA CULTRIX
São Paulo

Título original: *Freedom form the Known.*

Publicado por Victor Gollancz Ltd., Londres.

Dados Internacionais de Catalogação na Publicação (CIP)
(Câmara Brasileira do Livro, SP, Brasil)

Krishnamurti, J., 1895-1986.
Liberte-se do passado ; J. Krishnamurti ; organizado por Mary Lutyens ; tradução Hugo Veloso. 16ª ed. -- São Paulo : Cultrix, 2005.

Título original : Freedom from the known.
ISBN 978-85-316-0226-9

1. Espiritualidade 2. Liberdade 3. Pensamento 4. Self (Filosofia) 5. Seres humanos 6. Vida I. Lutyens, Mary. II. Título.

05-8322 CDD-170

Índices para catálogo sistemático:
1. Ética : Filosofia 170

O primeiro número à esquerda indica a edição, ou reedição, desta obra. A primeira dezena à direita indica o ano em que esta edição, ou reedição foi publicada.

Edição	Ano
18-19-20-21-22-23-24	10-11-12-13-14-15-16

Direitos de tradução para a língua portuguesa
adquiridos com exclusividade pela
EDITORA PENSAMENTO-CULTRIX LTDA.
Rua Dr. Mário Vicente, 368 – 04270-000 – São Paulo, SP
Fone: 2066-9000 – Fax: 2066-9008
E-mail: pensamento@cultrix.com.br
http://www.pensamento-cultrix.com.br
que se reserva a propriedade literária desta tradução.
Foi feito o depósito legal.

Escreveu-se este livro por sugestão de Krishnamurti e com sua aprovação. Os textos foram selecionados de várias de suas palestras em inglês, gravadas em fitas e ainda não publicadas, proferidas em diversas partes do mundo.
A seleção e a ordem em que estão apresentados são de minha responsabilidade.

M. L.

SUMÁRIO

CAPÍTULO 1

A Busca do Homem — A Mente Torturada — O Caminho Tradicional — A Armadilha da Respeitabilidade — O Ente Humano e o Indivíduo — A Batalha da Existência — A Natureza Básica do Homem — A Responsabilidade — A Verdade — A Dissipação de Energia — A Libertação da Autoridade

Ao longo das eras, o homem vem buscando algo além de si próprio, além do bem-estar material — algo que ele pode chamar de verdade, de Deus ou realidade, de um estado atemporal — algo que não possa ser perturbado pelas circunstâncias, pelo pensamento ou pela corrupção humana.

O homem sempre indagou: Qual a finalidade de tudo isto? Tem a vida alguma significação? Vendo a enorme confusão reinante na vida, as brutalidades, as revoltas, as guerras, as intermináveis divisões da religião, da ideologia, da nacionalidade, pergunta o homem, com um profundo sentimento de frustração, o que se deve fazer, o que é isso que se chama viver e se alguma coisa existe além de seus limites.

E, sem conseguir encontrar essa coisa sem nome e de mil nomes que sempre buscou, o homem cultivou a fé — fé num salvador ou num ideal, a fé que invariavelmente gera a violência.

Nesta batalha constante que chamamos "viver", procuramos estabelecer um código de conduta, conforme a sociedade em que nos criamos, quer seja uma sociedade comunista ou uma supostamente livre; aceitamos um padrão de comportamento como parte de nossa tradição hinduísta, muçulmana, cristã ou outra. Esperamos que alguém nos diga o que é conduta justa ou injusta, pensamento correto ou incorreto e, ao seguir esse padrão, nossa conduta e nosso pensar se tornam mecânicos, nossas reações, automáticas. Pode-se observar isso muito facilmente em nós mesmos.

Durante séculos fomos amparados por nossos instrutores, nossas autoridades, nossos livros, nossos santos. Pedimos: "Diga-me tudo; mostre-me o que existe além dos montes, das montanhas e da Terra" — e satisfazemo-nos com suas descrições, quer dizer, vivemos de palavras, e nossa vida é superficial e vazia. Não somos originais. Temos vivido das coisas que os outros nos dizem ou sendo guiados pelas nossas inclinações, pelas nossas tendências, ou impelidos a aceitar pelas circunstâncias e pelo ambiente. Somos o resultado de toda espécie de influências e em nós nada existe de novo, que tenha sido descoberto por nós mesmos, que seja original, inédito, claro.

Em consonância com a história teológica, garantem-nos os guias religiosos que, se observarmos determinados rituais, recitarmos certas preces e versos sagrados, obedecermos a alguns padrões, refrearmos nossos desejos, controlarmos nossos pensamentos, sublimarmos nossas paixões, abstivermo-nos dos prazeres sexuais, então, após torturar suficientemente o corpo e o espírito, encontraremos uma certa coisa além desta vida desprezível. É isso o que tem feito, no decurso das eras, milhões de indivíduos ditos religiosos, quer pelo isolamento nos desertos, nas montanhas, numa caverna; quer peregrinando de aldeia em aldeia, pedindo esmolas; quer em grupos, ingressando em mosteiros e forçando a mente a se ajustar a padrões estabelecidos. Mas a mente que foi torturada, subjugada, a mente que deseja fugir a toda agitação, que renunciou ao mundo exterior e se tornou embotada pela disciplina e pelo ajustamento — essa mente, não importa o quanto procure, só achará o que estiver em conformidade com sua própria deformação.

Assim, para descobrir se de fato existe ou não alguma coisa além desta existência ansiosa, culpada, temerosa, competidora, parece-me necessário que tomemos um caminho completamente diferente. O caminho tradicional vai da periferia para o centro, com a finalidade de atingir gradativamente, através do tempo, da prática e da renúncia, aquela flor interior, aquela íntima beleza e amor — enfim, tudo fazer para nos tornarmos tacanhos, vulgares e falsos, ir retirando as camadas uma a uma; precisar do tempo: amanhã ou na próxima vida chegaremos — e quando, afinal, atingimos o centro, não encontramos nada, porque nossa mente se tornou incapaz, embotada, insensível.

Após observar esse processo, perguntamos a nós mesmos se não haverá outro caminho totalmente diferente, isto é, se não teremos possibilidade de "explodir" a partir do centro.

O mundo aceita e segue o caminho tradicional. A causa primária da desordem que existe em nós é o fato de estarmos buscando a realidade prometida por outrem; seguimos mecanicamente todo aquele que nos garante uma vida espiritual confortável. É um fato verdadeiramente singular este, que, embora em maioria sejamos contrários à tirania política e à ditadura, interiormente aceitamos a autoridade, a tirania de outrem, permitindo-lhe deformar a nossa mente e a nossa vida. Assim, se de todo rejeitarmos, não intelectual, porém realmente, a autoridade dita espiritual, as cerimônias, rituais e dogmas, isso significará que ficaremos sozinhos, em conflito com a sociedade; deixaremos de ser entes humanos respeitáveis. Ora, um ente humano respeitável nenhuma possibilidade tem de se aproximar daquela infinita, imensurável realidade.

Comece agora a rejeitar uma coisa que é totalmente falsa — o caminho tradicional — mas, se a rejeitar como reação, você terá criado outro padrão no qual se verá aprisionado como numa armadilha; se disser intelectualmente a si mesmo que essa rejeição é uma idéia importante, e nada fizer, você não irá muito longe. Se, entretanto, você a rejeitar por ter compreendido o quanto ela é estúpida e imatura, se a rejeitar por inteligência, porque você é livre e não tem medo, criará muita perturbação dentro e ao redor de si mesmo, mas se livrará da armadilha da respeitabilidade. Você verá, então, que parou de buscar. Essa é a primeira coisa que temos de aprender: não buscar. Quando busca, você age, com efeito, como se estivesse apenas olhando vitrines.

A pergunta sobre se Deus, a verdade ou a realidade — chame como quiser — existem jamais será respondida pelos livros ou pelos sacerdotes, filósofos ou salvadores. Nada nem ninguém pode responder a essa pergunta, somente você mesmo, e essa é a razão por que você precisa se conhecer. Só é imaturo quem desconhece totalmente a si mesmo. A compreensão de si próprio é o começo da sabedoria.

E o que é esse si mesmo, esse eu individual? Acho que existe uma diferença entre o ente humano e o indivíduo. O indivíduo é a entidade local, o habitante de qualquer país, pertencente a determinada cultura, uma dada sociedade, uma certa religião. O ente humano não é uma entidade local. Ele está em toda parte. Se o indivíduo só atua num certo ângulo, isolado do vasto campo da vida, sua ação está totalmente desligada do todo. Portanto, é necessário ter em mente que estamos falando do todo e não da parte, porque no maior está contido o menor, mas o menor não contém o maior. O indivíduo é aquela insignificante entidade condicionada, aflita, frustrada, satisfeita com seus pequeninos deuses e tradições; já o ente humano está interessado no bem-estar geral, no sofrimento geral e na total confusão em que se encontra o mundo.

Nós, entes humanos, somos os mesmos que éramos há milhões de anos — enormemente ávidos, invejosos, agressivos, ciumentos, ansiosos e desesperados, com ocasionais lampejos de alegria e afeição. Somos uma estranha mistura de ódio, medo e ternura; somos a um tempo a violência e a paz. Tem-se feito progresso, exteriormente, do carro de boi ao avião a jato, porém, psicologicamente, o indivíduo não mudou em nada, e a estrutura da sociedade, em todo o mundo, foi criada por indivíduos. A estrutura social, exterior, é o resultado da estrutura psicológica, interior, das relações humanas, pois o indivíduo é o resultado da experiência, dos conhecimentos e da conduta do homem, de modo global. Cada um de nós é o repositório de todo o passado. O indivíduo é o ente humano que representa toda a humanidade. Toda a história humana está escrita em nós.

Observe o que realmente está ocorrendo dentro e fora de si mesmo, na cultura de competição em que você vive, com seu desejo de poder, posição, prestígio, nome, sucesso, etc.; observe as realizações de que tanto você se orgulha, todo esse campo que chama viver e no qual há conflito em todas as formas de relação, suscitando ódio, antagonismo, brutalidade e guerras intermináveis. Esse campo, essa vida, é tudo o que conhecemos, e como somos incapazes de compreender a enorme batalha da existência, naturalmente lhe temos medo e dela tentamos fugir pelas mais sutis e variadas maneiras. Temos também medo do desconhecido — medo da morte, do que reside além do amanhã. Assim, temos medo do conhecido e medo do desconhecido. Tal é a nossa vida diária; nela, não há esperança alguma e, por conseguinte, qualquer espécie de filosofia, qualquer espécie de teologia representa meramente uma fuga da realidade — do que existe.

Todas as formas exteriores de mudança, produzidas pelas guerras, revoluções, reformas; pelas leis e ideologias, falharam completamente, pois não mudaram a natureza básica do homem e, portanto, da sociedade. Como seres humanos, vivendo neste mundo monstruoso, perguntemos a nós mesmos: "Pode esta sociedade, baseada na competição, na brutalidade e no medo, ter um fim? Ter um fim, não como conceito intelectual, como esperança, mas como um fato real, de modo que a mente se torne vigorosa, nova, inocente, capaz de criar um mundo totalmente diferente?" Creio que isso só ocorrerá se cada um de nós reconhecer o fato central de que, como indivíduos, como entes humanos — seja qual for a parte do universo em que vivamos, não importando a que cultura pertençamos — somos inteiramente responsáveis por toda a situação do mundo.

Somos, cada um de nós, responsáveis por todas as guerras, geradas pela agressividade de nossa vida, pelo nosso nacionalismo, nosso egoísmo, nossos deuses, nossos preconceitos, nossos ideais — pois tudo isso está nos dividindo. E só quando percebermos, não intelectualmente, mas realmente — tão realmente como reconhecemos que estamos com fome ou que sentimos dor —, bem como quando você e eu percebermos que somos os responsáveis por todo esse caos, por todas as aflições existentes no mundo inteiro, porque para isso contribuímos em nossa vida diária e porque fazemos parte desta monstruosa sociedade, com suas guerras, divisões, sua fealdade, brutalidade e avidez — só então poderemos agir.

Mas o que pode fazer um ente humano, que pode fazer você e que posso fazer eu para criar uma sociedade completamente diferente? Estamos nos fazendo uma pergunta muito séria. É necessário fazer alguma coisa? Que *podemos* fazer? Alguém nos dará essa resposta? Muita gente a *tem* nos dado. Os chamados guias espirituais, que supõem compreender essas coisas melhor do que nós, já nos responderam, tentando modificar-nos e moldar-nos segundo novos padrões, e isso não nos levou muito longe; homens sofisticados e eruditos também nos responderam, e também eles não nos levaram mais longe. Disseram-nos que todos os caminhos levam à verdade; você tem o seu caminho, como hinduísta, outros o têm como cristãos e outros, ainda, o têm como muçulmanos; mas todos esses caminhos vão acabar diante da mesma porta. Isso, quando o consideramos bem, é um evidente absurdo. A verdade não tem caminho, e essa é sua beleza; ela é viva. Uma coisa morta tem um caminho que a ela conduz, porque ela é estática, mas, quando você perceber que a verdade é algo que vive, que se movimenta, que não tem pouso, não tem templo, mesquita ou igreja, e que a ela nenhuma religião, nenhum instrutor, nenhum filósofo pode levar-nos —

você verá, então, também, que essa coisa viva é o que você realmente é — a sua irascibilidade, a sua brutalidade, a sua violência, o seu desespero e a agonia e o sofrimento em que vive. Na compreensão de tudo isso se encontra a verdade. E você só compreenderá isso se souber como olhar tais coisas da sua vida. Mas não se pode olhá-las através de uma ideologia, de uma cortina de palavras, através de esperanças e temores.

Como vê, você não pode depender de ninguém. *Não existe* nenhum guia, nenhum instrutor, nenhuma autoridade. Só existe *você*, as suas relações com os outros e com o mundo, e nada mais. Quando se percebe esse fato, ou ele produz um grande desespero, causador de pessimismo e amargura; ou, enfrentando o fato de que você e ninguém mais é o responsável pelo mundo e por si mesmo, pelo que pensa, pelo que sente, pela maneira como age, desaparece de todo a autocompaixão. Normalmente, gostamos de culpar os outros, o que é uma forma de autocompaixão.

Poderemos, então, você e eu, promover em nós mesmos — sem dependermos de nenhuma influência exterior, de nenhuma persuasão, sem nenhum medo de punição —, poderemos promover em nossa própria essência uma revolução total, uma mutação psicológica, para que não sejamos mais brutais, violentos, competidores, ansiosos, medrosos, ávidos, invejosos — enfim, todas as manifestações da nossa natureza que formaram a sociedade corrompida em que vivemos nossa vida de cada dia?

Importa compreender desde já que não estou formulando nenhuma filosofia ou estrutura de idéias ou conceitos teológicos. Todas as ideologias se me afiguram totalmente absurdas. O importante não é uma filosofia da vida, porém que observemos o que realmente está ocorrendo em nossa vida diária, interior e exteriormente. Se observar muito atentamente o que está se passando, se examinar bem, você verá que tudo se baseia num conceito intelectual. Mas o intelecto não constitui o campo total da existência; ele é um fragmento, e todo fragmento, por mais engenhosamente ajustado, por mais antigo e tradicional que seja, continua a ser uma parte insignificante da existência, e nós temos de nos interessar pela totalidade da vida. Quando consideramos o que está ocorrendo no mundo, começamos a compreender que não existe nem processo exterior nem processo interior; existe só um processo unitário, um movimento integral, total, sendo que o movimento interior se expressa exteriormente, e o movimento exterior, por sua vez, reage ao interior. Ser capaz de olhar esse fato — eis o que é necessário, só isso; porque, se sabemos olhar, tudo se torna claríssimo. O ato de olhar não requer nenhuma filosofia, nenhum instrutor. Ninguém precisa ensinar-nos como olhar. Olhe simplesmente.

Assim, vendo todo esse quadro, vendo-o não verbalmente porém realmente, você pode transformar-se, de modo natural e espontâneo? Esse é o verdadeiro problema. Será possível promover uma revolução completa na psique?

Eu gostaria de saber qual é a sua reação a uma pergunta dessas. Você dirá, porventura: "Não quero mudar"? E a maioria das pessoas não quer, principalmente aquelas que se acham em relativa segurança, social e economicamente, ou que conservam crenças dogmáticas e se satisfazem em aceitar a si próprias e às coisas tais como são ou em forma ligeiramente modificada. Tais pessoas não nos interessam. Ou talvez você diga, mais sutilmente: "Ora, isso é dificílimo, está fora do meu alcance". Nesse caso, você já fechou o caminho, já parou de investigar e será completamente inútil prosseguir. Ou, ainda, dirá: "Percebo a necessidade de uma transformação interior fundamental, em mim mesmo, mas como empreendê-la? Peço que me mostre o caminho, me ajude a alcançá-la". Se assim falar, então o que o interessa não é a transformação em si, você não está realmente interessado numa revolução fundamental; está, meramente, buscando um método, um sistema capaz de efetuar a mudança.

Se fôssemos tão sem juízo que lhe déssemos um sistema e você tão sem juízo que o seguisse, você estaria meramente a copiar, a imitar, a ajustar-se, a aceitar, e, fazendo tal coisa, teria estabelecido em si mesmo a autoridade de outrem, que resultaria em conflito entre você e essa autoridade. Você pensa que deve fazer tal e tal coisa porque mandaram que a fizesse e, no entanto, você é incapaz de fazê-la. Você tem suas inclinações, tendências e pressões peculiares, que colidem com o sistema que julga dever seguir e, por conseguinte, existe uma contradição. Você levará, assim, uma vida dupla, entre a ideologia do sistema e a realidade de sua existência diária. No esforço para ajustar-se à ideologia, recalca a si mesmo e, no entanto, o que é realmente verdadeiro não é a ideologia, porém aquilo que você é. Se tentar estudar-se de acordo com outrem, permanecerá sempre um ente humano sem originalidade.

O homem que diz: "Quero mudar, diga-me como conseguir isso" — parece muito atento, muito sério, mas não o é. Ele quer uma autoridade que, assim espera, estabelecerá a ordem nele próprio. Mas, pode algum dia a autoridade promover a ordem interior? A ordem imposta de fora gera sempre, necessariamente, a desordem. Você pode perceber essa verdade intelectualmente, mas será capaz de aplicá-la de maneira que a sua mente não mais projete nenhuma autoridade — a autoridade de um livro, de um instrutor, da esposa ou do marido, dos pais, de um amigo, ou da sociedade? Como sempre funcionamos segundo o padrão de uma fórmula, essa fórmula passa a ser ideologia e autoridade; mas assim que perceber realmente que a pergunta "como mudar?" cria uma nova autoridade, você terá acabado com a autoridade para sempre.

Vamos repetir com clareza: Vejo que tenho de mudar completamente, desde as raízes do meu ser; não posso mais depender de nenhuma tradição, porque foi a tradição que criou essa colossal indolência, aceitação e obediência; não posso contar com os outros para me ajudar a mudar, com nenhum instrutor, nenhum deus, nenhuma crença, nenhum sistema, nenhuma pressão ou influência externa. Que sucede então?

Em primeiro lugar, você pode rejeitar toda autoridade? Se pode, isso significa que já não tem medo. E então o que acontece? Quando rejeita algo falso que traz consigo há gerações, quando larga uma carga de qualquer espécie, o que acontece? Aumenta a sua energia, não? Você fica com mais capacidade, mais ímpeto, mais intensidade e vitalidade. Se não sente isso, nesse caso você não largou a carga, não se livrou do peso morto da autoridade.

Mas, depois que tiver se livrado dessa carga e tiver essa energia em que não existe medo de espécie alguma — medo de errar, de agir incorretamente —, essa própria energia não é então mutação? Necessitamos de grande abundância de energia, e a dissipamos com o medo; mas, quando existe a energia que vem depois de nos livrarmos de todas as formas do medo, essa própria energia produz a revolução interior, radical. Você nada tem que fazer nesse sentido.

Você fica então a sós consigo mesmo, e esse é o estado real que convém ao homem que considera a sério essas coisas. E como já não conta com a ajuda de nenhuma pessoa ou coisa, você está livre para fazer descobertas. Quando há liberdade, há energia; quando há liberdade, ela não pode fazer nada errado. A liberdade difere inteiramente da revolta. Não existe agir correta ou incorretamente, quando há liberdade. *Você é livre* e, desse centro, age. Por conseguinte, não existe medo, e a mente sem medo é capaz de infinito amor. E o amor pode fazer o que quer.

O que agora vamos fazer, portanto, é aprender a nos conhecer, não de acordo com um certo analista ou filósofo; porque, se fazemos isso de acordo com outras pessoas, aprendemos a conhecer essas *pessoas* e não a nós mesmos. Vamos aprender o que somos realmente.

Tendo percebido que não podemos depender de nenhuma autoridade exterior para promover a revolução total na estrutura de nossa própria psique, apresenta-se a dificuldade infinitamente maior de rejeitarmos nossa própria autoridade interior, a autoridade de nossas próprias e insignificantes experiências e opiniões acumuladas, conhecimentos, idéias e ideais. Digamos que você tivesse ontem uma experiência que lhe ensinou algo, e isso que ela ensinou se torna uma nova autoridade, e sua autoridade de ontem é tão destrutiva quanto a autoridade de um milhar de anos. A compreensão de nós mesmos não requer nenhuma autoridade, nem a do dia anterior nem a de há mil anos, porque somos entidades vivas, sempre em movimento, sempre a fluir e jamais se detendo. Se olharmos a nós mesmos com a autoridade morta de ontem, nunca compreenderemos o movimento vivo e a beleza e natureza desse movimento.

Livrar-se de toda autoridade, seja própria, seja de outrem, é morrer para todas as coisas de ontem — para que a mente seja sempre fresca, sempre juvenil, inocente, cheia de vigor e de paixão. Só nesse estado é que se aprende e observa. Para tanto, requer-se grande capacidade de percebimento, de real percebimento do que se está passando no interior de si mesmo, sem corrigir o que vê, nem dizer o que deveria ou não deveria ser. Porque, tão logo corrige, você estabelece outra autoridade, um censor.

Vamos, pois, investigar juntos a nós mesmos; ninguém ficará explicando enquanto você vai lendo, concordando ou discordando de quem explica, ao mesmo tempo que vai seguindo as palavras do texto. Porém, vamos fazer juntos uma viagem, uma viagem de exploração pelos mais secretos recessos de nossa mente. Para empreender essa viagem, precisamos estar livres; não podemos transportar uma carga de opiniões, preconceitos e conclusões — todos os trastes imprestáveis que juntamos no decurso dos últimos dois mil anos ou mais. Esqueça de tudo o que sabe a respeito de si mesmo. Esqueça de tudo o que pensava a seu respeito; vamos iniciar a marcha como se nada soubéssemos.

A noite passada choveu torrencialmente e agora o céu está começando a limpar-se; é um dia novo, fresco. Encontremo-nos com este novo dia como se fosse nosso único dia. Iniciemos juntos a jornada, deixando para trás todas as lembranças de ontem, e comecemos a compreender-nos pela primeira vez.

CAPÍTULO 2

O Aprender a Conhecer-se — A Simplicidade e a Humildade — O Condicionamento

Se você considera importante conhecer a si mesmo só porque eu ou outro disse que é importante, receio então que esteja terminada toda comunicação entre nós. Mas, se concordamos ser de vital importância compreendermos a nós mesmos, totalmente, torna-se então diferente a relação entre você e eu e poderemos explorar juntos, fazer com agrado uma investigação cuidadosa e inteligente.

Eu não lhe exijo fé; não estou me arvorando em autoridade. Nada tenho para ensinar-lhe — nenhuma filosofia nova, nenhum sistema novo, nenhum caminho novo para a realidade; não existe caminho para a realidade, como também não existe para a verdade. Toda autoridade, de qualquer espécie que seja, sobretudo no campo do pensamento e da compreensão, é a coisa mais destrutiva e danosa que existe. Os guias destroem os seguidores, e os seguidores destroem os guias. Você tem de ser seu próprio instrutor e seu próprio discípulo. Você tem de questionar tudo o que o homem aceitou como valioso e necessário.

Se não segue alguém, você se sente muito solitário. Fique solitário, pois. Por que tem medo de ficar só? Porque você se defronta consigo mesmo, tal como é, e descobre que é vazio, embotado, estúpido, repulsivo, pecador, ansioso — uma entidade insignificante, sem originalidade. Enfrente o fato; olhe-o e não fuja dele. Tão logo começa a fugir, começa a existir o medo.

Ao investigar-nos não estamos nos isolando do resto do mundo. Não se trata de um processo mórbido. O homem, em todo o mundo, se vê enredado nos mesmos problemas diários, tal como nós, e, assim, investigando a nós mesmos, não estamos de modo nenhum procedendo como neuróticos, porque não há diferença entre o individual e o coletivo. Esse é um fato real. Criei o mundo tal como sou. Portanto, não nos desorientemos nessa batalha entre a parte e o todo.

Tenho de estar consciente de todo o campo de meu próprio ser, que é constituído da consciência individual e social. É só quando a mente transcende a consciência individual e social, que posso tornar-me a luz de mim mesmo, a luz que nunca se apaga.

Pois bem; onde começarmos a compreender a nós mesmos? Aqui estou eu, e como é que vou estudar-me, observar-me, ver o que realmente está sucedendo em meu interior? Só posso observar-me em relação, porque a vida é toda de relação. De nada serve ficar sentado num canto e meditar sobre mim mesmo. Não posso existir sozinho. Só existo em relação com pessoas, coisas e idéias e, estudando minha relação com as pessoas e coisas exteriores, assim como as interiores, começo a compreender a mim mesmo. Qualquer outra forma de compreensão é mera abstração, e não posso estudar-me abstratamente; não sou uma entidade abstrata; por conseguinte, tenho de estudar-me na realidade concreta — assim como *sou*, e não como desejo ser.

A compreensão não é um processo intelectual. A aquisição de conhecimentos a seu próprio respeito e o aprendizado de si mesmo são duas coisas diferentes, porque o conhecimento que você acumula a seu respeito é sempre do passado, e a mente que leva a carga do passado é uma mente lamentável. O aprendizado de si mesmo não é como o aprendizado de uma língua, uma técnica ou uma ciência; neste último caso, naturalmente, você tem de acumular e memorizar, pois seria absurdo voltar sempre de novo ao começo. Mas, no campo psicológico, o aprendizado de si mesmo está sempre no presente, ao passo que o conhecimento está sempre no passado e, como a maioria de nós vive no passado e está satisfeita com o passado, o conhecimento se torna sumamente importante para nós. É por essa razão que endeusamos o homem erudito, talentoso, sagaz. Mas, se você está aprendendo a todo momento, a cada minuto, aprendendo pelo observar e pelo escutar, aprendendo pelo ver e atuar, verá então que o aprender é um movimento infinito, sem o passado.

Se você diz que aprenderá a conhecer a si mesmo gradualmente, acrescentando sempre mais alguma coisa, pouco a pouco, não estará estudando agora como você é, porém por meio do conhecimento adquirido. O aprender requer muita sensibilidade. Não há sensibilidade se existe alguma idéia, que é do passado, dominando o presente. A mente já não é então ágil, flexível, alerta. A maioria de nós não é sensível, nem mesmo fisicamente. Comemos em excesso, sem nos importarmos com o regime mais adequado; abusamos do cigarro e da bebida, e, dessa maneira, o nosso corpo se torna pesado e insensível; a capacidade de atenção do próprio organismo se embota. Como pode haver uma mente muito alerta, sensível, clara, se o próprio organismo está embotado e pesado? Podemos ser sensíveis a certas coisas que nos atingem particularmente, mas, para sermos completamente sensíveis a tudo o que decorre das exigências da vida, não pode haver separação entre o organismo e a psique. Trata-se de um movimento único.

Para compreendermos qualquer coisa, temos de viver com ela, observá-la, conhecer-lhe todo o conteúdo, a natureza, a estrutura, o movimento. Você já experimentou viver consigo mesmo? Se experimentar, começará a ver que "você" não é uma entidade estática, porém uma coisa vigorosa, viva. E, para poder viver com uma coisa viva, a sua mente também tem de estar viva. Não pode, porém, estar viva se está enredada em opiniões, juízos e valores.

Para observar o movimento da sua mente e do seu coração, do seu ser inteiro, você necessita de uma mente livre; e não de uma mente que concorda e discorda, que toma partido numa discussão, disputando por causa de meras palavras, porém que acompanha a discussão com a intenção de compreender. Isso é dificílimo, porque não sabemos olhar nem escutar o próprio ser, assim como não sabemos olhar a beleza de um rio, ou ouvir o murmúrio da brisa entre as árvores.

Quando condenamos ou justificamos, não podemos ver com clareza, e também não podemos fazer isso quando nossa mente está tagarelando incessantemente; não observamos então *o que é*; só olhamos nossas próprias "projeções". Temos, cada um de nós, uma imagem do que pensamos ser ou deveríamos ser, e essa imagem, esse retrato, nos impede inteiramente de vermos a nós mesmos como realmente somos.

Uma das coisas mais difíceis do mundo é olharmos qualquer coisa com simplicidade. Como nossa mente é muito complexa, perdemos a simplicidade. Não me refiro à simplicidade no vestir ou no comer, no usar apenas uma tanga ou bater um recorde de jejum, ou qualquer outra das absurdas infantilidades que os santos praticam; refiro-me àquela simplicidade que nos torna capazes de olhar as coisas diretamente e sem medo, capazes de olhar a nós mesmos sem nenhuma deformação, de dizer que mentimos quando mentimos e não esconder o fato ou dele fugir.

Outrossim, para compreendermos a nós mesmos, necessitamos de muita humildade. Se começar dizendo: "Eu me conheço" — você já travou o processo do auto-aprendizado; ou, se diz: "Não há muito que aprender a meu respeito, porque sou apenas um feixe de memórias, idéias, experiências e tradições" — terá parado o processo de aprendizado a seu próprio respeito. No momento em que alcança qualquer alvo, você perde o atributo da inocência e da humildade; no momento em que chega a uma conclusão ou começa a examinar com base no conhecimento, está tudo acabado, porque então estará traduzindo tudo o que é vivo em termos do velho. Mas se, ao contrário, não tiver nenhum ponto de apoio, nenhuma certeza, nenhuma perfeição, terá liberdade para olhar, e quando se olha uma coisa com liberdade, ela é sempre nova. Um homem seguro de si é um ente morto.

Mas como ser livre para olhar e aprender, quando nossa mente, da hora do nascimento à hora da morte, é moldada por uma determinada cultura, no estreito padrão do "eu"? Há séculos vimos sendo condicionados pela nacionalidade, pela casta, pela classe, pela tradição, pela religião, pela língua, pela educação, pela literatura, pela arte, pelo costume, pela convenção, pela propaganda de todo gênero, pela pressão econômica, pela alimentação que temos, pelo clima em que vivemos, pela nossa família, pelos nossos amigos, pelas nossas experiências — todas as influências possíveis e imagináveis — e, por conseguinte, as nossas reações a cada problema são condicionadas.

Você percebe que está condicionado? Essa é a primeira coisa que você deve perguntar a si mesmo, e não como se libertar do condicionamento. Pode ser que você nunca se livre dele, e se disser "Preciso livrar-me dele", poderá cair noutra armadilha, noutra forma de condicionamento. Assim, você percebe que está condicionado? Sabe que até mesmo quando olha uma árvore e diz "Aquela árvore é uma figueira" ou "Aquela árvore é um carvalho", o dar nome à arvore, que é conhecimento botânico, de tal maneira lhe condiciona a mente que a palavra se interpõe entre você e o real percebimento da árvore? Para entrar em contato com a árvore, você tem de tocá-la com a mão, e a palavra não o ajudará a tocá-la.

Como você pode saber que está condicionado? Que é que lhe diz isso? Que é que lhe diz que você está com fome? — não como teoria, porém o fato real da fome? Do mesmo modo, como é que descobre o fato real de que você está condicionado? Pela sua reação a um problema, a um desafio, não é? Você reage a cada desafio segundo o seu condicionamento e, como seu condicionamento é inadequado, reagirá sempre inadequadamente.

Quando toma consciência dele, esse condicionamento de raça, de religião e de cultura faz com que você se sinta aprisionado? Considere uma única modalidade de condicionamento, a nacionalidade, considere-a seriamente, com pleno percebimento, para ver se lhe agrada ou se lhe causa revolta, e se lhe causa revolta, se sente vontade de libertar-se de todo condicionamento. Se o seu condicionamento o satisfaz, é óbvio que você nada fará a respeito dele; mas, se não se sente satisfeito ao tomar consciência dele, perceba que você nunca faz coisa alguma sem ele. *Nunca*! Por conseguinte, você está sempre vivendo no passado, com os mortos.

Você só perceberá por si mesmo o quanto está condicionado quando um conflito se manifestar na continuidade do prazer ou na fuga à dor. Se tudo ao redor de você decorre de maneira perfeitamente feliz, a sua esposa o ama, você a ama, tem uma bonita casa, filhos interessantes e dinheiro à farta, nesse caso você não está consciente do seu condicionamento. Mas, quando surge uma perturbação, quando a sua esposa olha para outro homem, ou você perde sua fortuna, ou se vê ameaçado pela guerra ou por qualquer outra coisa que cause dor ou ansiedade — então você saberá que está condicionado. Quando luta contra uma perturbação qualquer ou se defende de uma dada ameaça exterior ou interior, você sabe então que está condicionado. E, como a maioria se vê perturbada na maior parte do tempo, seja superficialmente, seja profundamente, essa nossa própria perturbação indica que estamos condicionados. Enquanto um animal é mimado, reage agradavelmente, mas no momento em que se vê hostilizado, toda a violência de sua natureza se revela.

Vemo-nos perturbados com a vida, com a política, com a situação econômica, com o horror, com a brutalidade e com o sofrimento existentes tanto no mundo como em nós mesmos, e essa perturbação nos revela o quanto estamos condicionados. Que devemos fazer? Aceitar a perturbação e ir vivendo com ela, como faz a maioria dos homens? Acostumar-nos com ela, assim como nos acostumamos com uma dor nas costas? Conformar-nos com ela? É tendência de todos nós conformar-nos com as coisas, acostumar-nos com elas, culpando-as pelas circunstâncias. Dizendo, "Ah, se as coisas estivessem correndo bem, eu seria diferente", ou "Dê-me a oportunidade e eu ficarei satisfeito", ou "A injustiça de tudo isso me massacra" — sempre culpamos pelas nossas perturbações os outros, o nosso ambiente ou a situação econômica.

Se nos acostumamos com a perturbação, isso significa que nossa mente se embota, assim como uma pessoa pode acostumar-se de tal maneira com a beleza que a cerca, que nem a nota mais. Tornamo-nos indiferentes, calejados, insensíveis, a nossa mente se embota mais e mais. Se não podemos nos acostumar com a perturbação, dela tratamos de fugir, recorrendo a uma certa droga, ou ingressando num partido político, bradando, escrevendo, assistindo a uma partida de futebol, indo a uma igreja ou templo, ou procurando algum tipo de divertimento.

Por que razão fugimos dos fatos reais? Temos medo da morte — isso apenas para exemplo — e inventamos teorias, esperanças e crenças de toda espécie, para disfarçarmos o fato da morte, mas esse fato continua existindo. Para compreendermos um fato cumpre olhá-lo e não fugir dele. Em geral, temos tanto medo do viver como do morrer. Temos medo da nossa família, da opinião pública, de perder nosso emprego, nossa segurança, medo de centenas de outras coisas. O fato simples é que temos medo, e não que temos medo disto ou daquilo. Mas por que é que não podemos enfrentar esse fato?

Só podemos enfrentar um fato no presente; mas, se você nunca se deixa ficar no presente, porque está sempre fugindo dele, nunca poderá enfrentá-lo, e, tendo criado uma verdadeira rede de fugas, você está dominado pelo hábito da fuga.

Ora, se for sensível, sério, por pouco que seja, não só estará consciente de seu condicionamento, mas também dos perigos dele decorrentes, da brutalidade e do ódio a que ele conduz. Por que então, se está vendo o perigo do seu condicionamento, você não age? É porque você é indolente? Indolência é falta de energia; entretanto, não lhe faltará energia em presença de um perigo físico imediato — uma serpente no seu caminho, um precipício, um incêndio. Por que então você não age ao ver o perigo do seu condicionamento? Se visse o perigo do nacionalismo para sua própria segurança, você não agiria?

A resposta é que você não vê. Por um processo intelectual de análise você pode ver que o nacionalismo leva à autodestruição, mas nisso não há nenhum conteúdo emocional. Só quando há esse conteúdo emocional, você tem vitalidade.

Se vê o perigo do seu condicionamento como um mero intelectual, você jamais fará coisa alguma em relação a ele. No perceber um perigo como uma mera idéia, há conflito entre a idéia e a ação e esse conflito tira-lhe a energia. Só quando vê o condicionamento e o seu perigo *imediatamente*, tal como vê um precipício, é só então que você age; portanto, *ver é agir.*

A maioria de nós percorre a vida desatentamente, reagindo sem pensar, de acordo com o ambiente em que fomos criados, e tais reações só acarretam mais servidão, mais condicionamento; mas, no momento em que aplica toda a atenção ao seu condicionamento, você se verá inteiramente livre do passado; ele se desprenderá naturalmente de você.

CAPÍTULO 3

A Consciência — A Totalidade da Vida — O Percebimento

Ao se conscientizar do seu condicionamento, você compreenderá a totalidade da sua consciência. A consciência é o campo total onde funciona o pensamento e existem as relações. Todos os motivos, intenções, desejos, prazeres, temores, inspiração, anseios, dores, alegrias se encontram nesse campo. Mas nós dividimos a consciência em ativa e latente, em nível superior e nível inferior; quer dizer, na superfície todos os pensamentos, sentimentos e atividades de cada dia e, abaixo deles, o chamado subconsciente, as coisas que não nos são familiares, que ocasionalmente se expressam por meio de certas sugestões, intuições e sonhos.

Ocupamo-nos com um pequeno canto da consciência, que constitui a maior parte da nossa vida; quanto ao resto, a que chamamos subconsciente, com todos os seus motivos, temores, atributos raciais e hereditários, não sabemos sequer como penetrá-lo. Agora, pergunto: Existe mesmo tal coisa — o subconsciente? Empregamos muito livremente essa palavra. Admitimos que essa coisa existe e todas as frases e terminologias dos analistas e psicólogos se insinuaram na nossa linguagem; mas ela existe? E por que razão lhe atribuímos tamanha importância? A mim ela parece tão trivial e estúpida quanto a mente consciente, tão estreita, tão fanática, condicionada, ansiosa e sem valor quanto ela.

Assim, será possível ficarmos completamente cônscios de todo o campo da consciência e não meramente de uma parte, de um fragmento? Se puder tornar-se consciente da totalidade, você agirá sempre com sua atenção total e não com uma atenção parcial. Importa compreender isso, porque, quando se está cônscio de todo o campo da consciência, não há atrito. Quando se divide a consciência — *toda* ela constituída de pensamento, sentimento e ação — em diferentes níveis, é então que há atrito.

Vivemos de maneira fragmentada. No escritório somos uma coisa, em casa somos outra coisa; você fala de democracia e, no íntimo, é autocrata; fala em amor ao próximo e ao mesmo tempo o está matando na competição; uma parte de você está ativa, a olhar, independentemente da outra. Você está consciente dessa existência fragmentada em você mesmo? E será possível ao cérebro, que dividiu o seu próprio funcionamento, o seu próprio pensar em fragmentos, ficar consciente do campo inteiro? É possível olharmos o todo da consciência completa e totalmente? O que significa sermos entes humanos totais?

Se, a fim de compreender a estrutura total do "eu", de extraordinária complexidade, você proceder passo a passo, descobrindo camada por camada, examinando cada pensamento, sentimento e motivo, ver-se-á todo enredado no processo analítico, que durará semanas, meses, anos; e quando admitimos o tempo no processo da autocompreensão, temos de estar preparados para toda espécie de deformação, porquanto o "eu" é uma entidade complexa, que se movimenta, vive, luta, deseja, nega; sujeita a pressões e tensões de toda espécie, que nela atuam continuamente. Você descobrirá, assim, por si mesmo, que não é esse o caminho que deve seguir; compreenderá que a única maneira de olhar a si mesmo é fazer isso de maneira total, imediatamente, fora do tempo; e você só pode ver a totalidade de si mesmo quando a mente não está fragmentada. O que você vê em sua totalidade é a verdade.

Mas você é capaz disso? A maioria não é, porque nunca nos abeiramos do problema com seriedade, porque na realidade nunca olhamos para nós mesmos. Nunca! Lançamos a culpa nos outros, satisfazemo-nos com explicações ou temos medo de olhar. Mas, quando olhar totalmente, você aplicará toda a sua atenção, todo o seu ser, tudo o que tem, seus olhos, seus ouvidos, seus nervos; estará atento com o mais completo auto-abandono e não haverá então mais lugar para o medo, para a contradição e, por conseguinte, não haverá mais conflito.

Atenção não é a mesma coisa que concentração. A concentração é exclusão; a atenção é percebimento total, que nada exclui. A maioria de nós não me parece estar consciente, não só do que estamos dizendo aqui, mas também do nosso ambiente, das cores que nos rodeiam, das pessoas, da forma das árvores, das nuvens, do movimento da água. Isso acontece, talvez, porque estamos tão interessados em nós mesmos, em nossos insignificantes problemas, nossas próprias idéias, nossos prazeres, ocupações e ambições, que não podemos ficar objetivamente conscientes. Entretanto, muito se fala de percebimento. Certa vez, na Índia, eu viajava de automóvel. Um motorista conduzia o carro e eu ia sentado ao seu lado. Atrás, três homens discutiam com muito ardor sobre o percebimento, fazendo-me de vez em quando perguntas sobre o assunto. Naquele momento, o motorista, que estava olhando para outro lado, infelizmente, atropelou uma cabra, e aqueles três homens prosseguiram na discussão sobre o percebimento, completamente alheios ao atropelamento da cabra. Quando essa falta de atenção lhes foi apontada, os três senhores, que tanto se empenhavam em estar atentos, demonstraram grande surpresa.

A mesma coisa acontece com a maioria de nós. Não estamos conscientes nem das coisas exteriores nem das interiores. Se desejar compreender a beleza de uma ave, de uma mosca, de uma folha, de uma pessoa, com todas as suas complexidades, você tem de dispensar-lhe toda a sua atenção — e isso é percebimento. E você só poderá dar toda a atenção quando tiver zelo, quer dizer, quando amar realmente o compreender; aplique então ao descobrimento todo o seu coração e toda a sua mente.

Esse percebimento é semelhante a viver com uma serpente em seu quarto; você observa cada um dos seus movimentos, é sensível a cada ruído que ela produz. Um tal estado de atenção é energia total; nesse percebimento se revela instantaneamente a totalidade de si mesmo.

Ao se olhar dessa maneira profunda, você poderá descer mais fundo ainda. Empregando as palavras "mais fundo" não estamos fazendo comparação. Nós pensamos comparativamente — profundo e superficial, feliz e infeliz. Estamos sempre a medir, a comparar. Mas será que existe mesmo em alguém tal estado — o superficial e o profundo? Quando digo "minha mente é superficial, mesquinha, estreita, limitada" — como sei dessas coisas? Porque comparei minha mente com sua mente, que é mais brilhante, tem mais capacidade, é mais inteligente e alerta. Posso conhecer minha pequenez sem comparação? Quando sinto fome, não comparo essa fome com a fome que senti ontem. A fome de ontem é uma idéia, uma lembrança.

Se estou sempre a medir-me por você, a esforçar-me para ser igual a você, estou então negando a mim mesmo. Por conseguinte, estou criando uma ilusão. Ao compreender que a comparação, em qualquer forma, só leva a uma ilusão e a um sofrimento maiores ainda (tal como acontece quando analiso a mim mesmo, aumentando o meu conhecimento pouco a pouco, ou identificando-me com algo fora de mim mesmo — o Estado, um salvador ou uma ideologia), ao compreender que todos esses processos só levam a mais ajustamento e conflito, abandono toda comparação. Minha mente já não está buscando. É importante compreender isso. Minha mente já não está então tateando, buscando, indagando. Isso não significa estar satisfeito com as coisas como são, porém, sim, que a mente não tem ilusão nenhuma. Ela pode então mover-se numa dimensão totalmente diferente. A dimensão na qual vivemos nossa vida cotidiana, de dor, de prazer, de medo, condiciona a mente, limita-lhe a natureza, e quando essa dor, esse prazer e esse medo deixaram de existir (o que não significa não ter mais alegria, a alegria é coisa totalmente diferente do prazer), a mente passa então a funcionar numa dimensão diferente, na qual não existe conflito, nenhuma idéia de diferença.

Verbalmente, só podemos chegar até esse ponto; o que existe além não pode ser expresso em palavras, porque a palavra não é a coisa. Até aqui, pudemos descrever, explicar, mas nem palavras nem explicações podem abrir a porta. O que abrirá a porta é o percebimento e a atenção diários — percebimento da maneira como falamos, do que dizemos, de nossa maneira de andar, do que pensamos. Isso é como limpar e manter em ordem um aposento. Manter o aposento em ordem é importante num sentido e totalmente sem importância noutro sentido. Deve haver ordem no aposento, mas a ordem não abrirá a porta ou a janela. O que abre a porta não é sua volição ou desejo. Não se pode de modo nenhum chamar o outro "estado de espírito". O que se pode fazer é apenas manter o aposento em ordem, o que significa ser virtuoso por amor à virtude e não pelo que isso nos trará, ser equilibrado, racional, ordenado. Então, talvez, se você tiver sorte, a janela se abrirá e a brisa entrará. Ou pode ser que não. Tudo depende do estado da sua mente. E esse estado da mente só pode ser compreendido por você mesmo ao observá-lo sem tentar moldá-lo, sem ser parcial, sem contrariá-lo, sem jamais concordar, justificar, condenar, julgar; quer dizer, estar vigilante sem fazer nenhuma escolha. E, em razão desse percebimento sem escolha, a porta talvez se abrirá e você conhecerá aquela dimensão em que não existe o conflito nem o tempo.

CAPÍTULO 4

A Busca do Prazer — O Desejo — A Perversão pelo Pensamento — A Memória — A Alegria

No capítulo anterior, dissemos que a alegria era uma coisa inteiramente diferente do prazer; por conseguinte, vejamos o que está implicado no prazer e se é possível viver num mundo em que não exista o prazer, porém um extraordinário estado de alegria, de bem-aventurança.

Estamos, todos nós, empenhados na busca do prazer, nesta ou naquela forma — prazer intelectual, sensual ou cultural; o prazer de reformar, de dizer aos outros o que devem fazer, de atenuar os males da sociedade, de fazer o bem; o prazer de ter conhecimentos mais vastos, maior satisfação física, mais experiências, mais compreensão da vida, de possuir todas as qualidades engenhosas e sutis da mente; e, naturalmente, o prazer supremo: a posse de Deus.

O prazer é a estrutura da sociedade. Da infância à morte; secreta ou ardilosamente, ou abertamente, buscamos o prazer. Assim, qualquer que seja a nossa forma de prazer, acho que devemos vê-la muito claramente, porque será ela que irá guiar e moldar a nossa vida. Por conseguinte, o importante é que cada um de nós investigue com atenção, cautela, precisão, a questão do prazer, porque achar o prazer e depois nutri-lo e mantê-lo constitui uma necessidade básica da vida e sem ele a existência se torna monótona, estúpida, ensombrada pela solidão e sem nenhum significado.

Você perguntará: "Então por que razão não deve a vida ser guiada pelo prazer?" — Por uma razão muito simples: o prazer traz necessariamente a dor, a frustração, o sofrimento, o medo, e, como resultado do medo, a violência. Se você quer viver dessa maneira, viva; aliás, é o que a maioria faz. Mas, se quer se livrar do sofrimento, você deve compreender a inteira estrutura do prazer.

Compreender o prazer não significa negá-lo. Não o estamos condenando ou dizendo que é bom ou mau, mas, se o cultivamos, façamo-lo de olhos abertos, sabendo que a mente que está sempre buscando o prazer encontrará inevitavelmente a sua sombra — a dor. As duas coisas não podem ser separadas, embora busquemos o prazer e procuremos evitar a dor.

Ora, por que é que a mente está sempre exigindo prazer? Por que razão fazemos coisas nobres e ignóbeis sempre com esse desejo secreto de prazer? Por que nos sacrificamos e sofremos, sempre pendentes desse tênue fio do prazer? O que é o prazer, e como ele nasce? Não sei se alguns de vocês já fizeram a si próprios essas perguntas e foram até a última conseqüência das respostas.

O prazer se torna existente em quatro fases: percepção, sensação, contato e desejo. Vejo um belo automóvel, por exemplo; vem em seguida uma sensação, uma reação; depois o toco com as mãos ou imagino tocá-lo; e vem então o desejo de possuir o carro e ostentar-me com ele. Ou vejo uma nuvem formosa, uma montanha claramente delineada contra o céu, uma folha que acaba de brotar na primavera, um vale profundo, cheio de encantos e esplendor, um glorioso pôr-do-sol, um belo rosto, inteligente, vivo e *não* cônscio de sua beleza e, portanto, já sem beleza. Olho essas coisas com intenso deleite e, enquanto as observo, não há observador, porém, tão-só a beleza pura, qual a do amor. Por um momento estou ausente com todos os meus problemas, ansiedades e aflições; só existe aquela coisa maravilhosa. Posso olhá-la com alegria e no próximo momento esquecê-la, ou, então, a mente pode interferir — e aí começa o problema: minha mente pensa naquilo que viu e na sua beleza; digo de mim para mim que gostaria de tornar a vê-lo muitas vezes. O pensamento começa a comparar, a julgar, a dizer: "Quero repetir isso amanhã". A continuidade de uma experiência que por um segundo proporcionou deleite é mantida pelo pensamento.

O mesmo sucede em relação ao desejo sexual ou outro. Não há nada de mau no desejo. Reagir é perfeitamente normal. Se você me pica com um alfinete, eu reajo, a não ser que eu esteja paralisado. Mas o pensamento interfere, fica a ruminar aquele deleite e o converte em prazer. O pensamento deseja repetir a experiência e, quanto mais repetida, tanto mais mecânica ela se torna; quanto mais você pensa nela, mais força o pensamento confere ao prazer. Desse modo, o pensamento cria e mantém o prazer através do desejo e dá-lhe continuidade; por conseguinte, a reação natural do desejo, ante uma coisa bela, é pervertida pelo pensamento. O pensamento a converte em memória, que é então nutrida pelo pensar repetidamente naquela coisa.

Naturalmente, a memória tem seu lugar próprio, num certo nível. Sem ela, não teríamos possibilidade de atuar na vida de cada dia. Em sua própria esfera, a memória tem de ser proficiente, mas há um estado da mente onde há muito pouco lugar para ela. A mente que não está tolhida pela memória tem a verdadeira liberdade.

Você já notou que, quando reage a uma dada coisa totalmente, com todo o coração, quase não resta memória? É só quando você não responde a um desafio com todo o seu ser que se apresenta o conflito, a luta, que acarreta confusão e prazer ou dor. A luta gera memória. Essa memória é continuamente acrescentada por outras memórias, e são essas memórias que reagem. Tudo o que é resultado da memória é velho e, por conseguinte, nunca é livre. Liberdade de pensamento é algo que não existe; é puro contra-senso.

O pensamento nunca é novo, porque o pensamento é a resposta da memória, da experiência, do conhecimento. O pensamento, que é velho, torna também velho aquilo que você olha com deleite e que por um momento sentiu profundamente. Do velho vem o prazer; nunca do novo. No novo não existe o tempo.

Assim, se puder olhar todas as coisas, sem permitir a intrusão do prazer — olhar uma rosa, uma ave, a cor de um sari, a beleza de uma extensão de água rutilando ao sol, ou qualquer coisa deleitável — se puder olhar assim, sem desejar que a experiência se repita, então não haverá dor, nem medo e, por conseguinte, haverá uma alegria infinita.

É a luta para repetir e perpetuar o prazer que o converte em dor. Observe isso em você mesmo. A própria exigência da repetição do prazer produz dor, porque ele nunca é a mesma coisa de ontem. Você luta para alcançar o mesmo deleite não só para o seu senso estético, mas também para a sua mente, e fica magoado e desapontado, porque ele lhe é negado.

Você já observou o que acontece quando lhe é negado um pequeno prazer? Quando não tem o que quer, você se torna ansioso, invejoso, rancoroso. Já notou que, quando lhe negam o prazer de fumar ou de beber, o prazer sexual ou outro qualquer — já notou as lutas que você tem de sustentar? E tudo isso é uma forma de medo, não é verdade? Você tem medo de não obter o que deseja ou de perder o que possui. Quando uma dada fé ou ideologia que você cultiva há muitos anos é abalada ou lhe é arrebatada pela lógica da vida, você não tem medo de se ver só? Essa crença lhe proporcionou durante anos satisfação e prazer e, quando lhe é retirada, você fica desorientado, vazio, e o medo perdura até você achar outras formas de prazer, outra crença.

Isso me parece muito simples, e, por ser tão simples, não queremos ver a sua simplicidade. Gostamos de complicar tudo. Se sua esposa o abandona, você não sente ciúme? Não sente raiva? Não odeia o homem que a seduziu? E que é tudo isso senão o medo de perder o que lhe dava muito prazer, de perder essa companhia, perder aquela segurança e satisfação conferidas pela posse?

Assim, se compreende que quando se busca o prazer tem de haver dor, você pode, se lhe aprouver, viver dessa maneira, porém com pleno conhecimento do passo que está dando. Se, entretanto, deseja pôr fim ao prazer, o que significa pôr fim à dor, você deve estar completamente atento à estrutura total do prazer; mas não deve repeli-lo, como o fazem os monges e os *sanyasis*, que não olham para uma mulher porque é pecado e, dessa maneira, destroem a vitalidade da própria compreensão; porém, cumpre ver todo o significado e importância do prazer. Encontre então infinita alegria na vida. Não se pode pensar na alegria. A alegria é uma coisa imediata e, se nela pensar, você a converterá em prazer. Viver no presente é a percepção imediata da beleza e o grande deleite que nela existe, sem dela procurar extrair prazer.

CAPÍTULO 5

O Egoísmo — A Ânsia de Prestígio — Os Temores e o Medo Total — A Fragmentação do Pensamento — A Cessação do Medo

Antes de irmos mais adiante, eu quero perguntar-lhe qual é o seu interesse fundamental, constante, na vida. Pondo de lado quaisquer respostas equívocas, e encarando a questão direta e honestamente, o que você responderia? Sabe como responder?

Não é sua própria pessoa? — Pelo menos é isso o que diria a maioria de nós, se respondêssemos sinceramente. O que me interessa são os meus problemas, meu emprego, minha família, o pequeno canto em que estou vivendo, a conquista de uma posição melhor para mim, mais prestígio, mais poderio, mais domínio sobre os outros etc. etc. Acho que seria lógico reconhecermos para nós mesmos que é nisso que está principalmente interessada a maioria de nós: primeiro "eu".

Diriam alguns que é mau estarmos interessados principalmente em nós mesmos. Mas que há de mau nisso senão o fato de o admitirmos tão raramente, decente e honestamente? Se fazemos isso, sentimo-nos um tanto envergonhados. Eis, portanto, o fato: Cada um de nós está fundamentalmente interessado em si próprio e, por várias razões, lógicas e tradicionais, pensa que isso é mau. Mas o que uma pessoa *pensa* é irrelevante. Ora, por que introduzir esse fator, o pensar que isso é mau? Isso é uma idéia, um conceito. O *fato* é que, fundamentalmente, e perenemente, cada um de nós está interessado em si próprio.

Você dirá que é mais satisfatório ajudar o próximo do que pensar em si mesmo. Qual a diferença? Isso continua a ser interesse em si próprio. Se encontra maior satisfação em ajudar os outros, você está interessado numa coisa que lhe proporciona uma satisfação maior. Por que admitir qualquer conceito ideológico a esse respeito? Por que essa maneira dupla de pensar? Por que não dizer: "O que realmente desejo é satisfação, seja sexual, seja ajudando os outros ou tornando-me um grande santo, um grande cientista ou político"? Trata-se do mesmo processo, você não acha? Satisfação, de todas as maneiras, sutis ou óbvias, é o que desejamos. Dizendo que desejamos liberdade, desejamo-la porque nesse estado se encontra uma satisfação maravilhosa, e a satisfação máxima, naturalmente, é essa peculiar idéia de auto-realização. O que na verdade estamos buscando é uma satisfação, sem nenhum vestígio de insatisfação.

A maioria de nós aspira à satisfação de ocupar uma certa posição na sociedade, porque temos medo de ser *ninguém*. A sociedade é formada de tal maneira que um cidadão que ocupa uma posição respeitável é tratado com toda a cortesia, enquanto aquele que não tem posição é tratado a pontapés. Todos, neste mundo, desejam prestígio, prestígio na sociedade, na família, ou à direita de Deus-Pai, mas esse prestígio tem de ser reconhecido por outros, pois, do contrário, não será prestígio. Queremos estar sempre sentados no palanque. Interiormente, somos remoinhos de aflição e de malevolência, e, por conseguinte, ser olhado exteriormente como uma grande figura proporciona imensa satisfação. Esse anseio de posição, de prestígio, de poder, de ser reconhecido pela sociedade como pessoa de destaque representa uma vontade de dominar os outros, e essa vontade de domínio é uma forma de agressão. O santo que busca posição em sua santidade é tão agressivo como as aves que se bicam num aviário. E, qual a causa dessa agressividade? O medo, não?

O medo é um dos mais formidáveis problemas da vida. A mente que está nas garras do medo vive na confusão, no conflito, e, portanto, tem de ser violenta, tortuosa e agressiva. Não ousa afastar-se de seus próprios padrões de pensamento, e isso gera a hipocrisia. Enquanto não nos livrarmos do medo, ainda que galguemos o mais alto cume, ainda que inventemos toda espécie de deuses, ficaremos sempre na escuridão.

Vivendo numa sociedade tão corrupta e estúpida, em que a educação nos ensina a competir — o que gera medo — vemo-nos oprimidos por temores de toda espécie; e o medo é uma coisa terrível, que torce e deforma, que ensombra os nossos dias.

Existe o medo físico, mas esse é uma reação herdada do animal. É o medo psicológico que nos interessa aqui, porque, compreendendo os temores psicológicos em nós profundamente enraizados, estaremos aptos a enfrentar o medo animal; ao passo que, se primeiramente nos interessamos no medo animal, jamais compreenderemos os temores psicológicos.

Todos nós temos medo *de* alguma coisa; não existe o medo como abstração, porém o medo só existe em relação *a* alguma coisa. Você sabe quais são os seus temores — o medo de perder seu emprego, de não ter comida ou dinheiro suficiente; medo do que pensam de você os vizinhos ou o público, de não ser um "sucesso", de perder sua posição na sociedade, de ser desprezado ou ridicularizado; medo da dor e da doença, de ser dominado por outrem, de não chegar a conhecer o amor, ou de não ser amado, de perder sua esposa ou seus filhos; medo da morte ou de viver num mundo que é igual à morte, um mundo de tédio infinito; medo de que sua vida não corresponda à imagem que os outros fazem de você; medo de perder a sua fé — esses e muitos outros incontáveis temores; você conhece seus temores pessoais? E o que costuma fazer em relação a eles? Não é verdade que foge deles ou que inventa idéias e imagens para encobri-los? Mas fugir do medo é torná-lo maior.

Uma das causas principais do medo é que não desejamos encarar-nos tais como somos. Assim temos de examinar tanto os nossos temores como essa rede de vias de fuga que criamos para nos libertarmos deles. Se a mente, que inclui o cérebro, procura dominar o medo, se procura reprimi-lo, discipliná-lo, controlá-lo, traduzi-lo em coisa diferente, daí resulta atrito e conflito, e esse conflito é um desperdício de energia.

A primeira coisa, portanto, que devemos perguntar a nós mesmos é: "Que *é* o medo, e como nasce?" Que entendemos pela palavra medo, em si? Estou perguntando a mim mesmo o que é o medo e não de que é que tenho medo.

Vivo de uma certa maneira; penso conforme um determinado padrão; tenho algumas crenças e dogmas, e não quero que esses padrões de existência sejam perturbados, porque neles tenho a minhas raízes. Não quero que sejam perturbados porque a perturbação produz um estado de desconhecimento de que não gosto. Se sou separado violentamente das coisas que conheço e em que creio, quero estar razoavelmente seguro do estado das coisas que irei encontrar. As células nervosas criaram, pois, um padrão, e essas mesmas células nervosas recusam-se a criar outro padrão, que pode ser incerto. O movimento do certo para o incerto é o que denomino medo.

Neste momento em que estou aqui sentado, não estou com medo; não tenho medo do presente, nada está me acontecendo, ninguém está me fazendo ameaças nem me tomando nada. Mas, além deste momento presente, uma camada mais profunda da mente está, consciente ou inconscientemente, pensando no que poderá acontecer no futuro, ou preocupando-se com algum fato passado que me possa prejudicar. Portanto, tenho medo do passado e do futuro. Dividi o tempo em passado e futuro. O pensamento interfere, dizendo "Tenha cuidado, para que isso não torne a acontecer", ou "Prepare-se para o futuro! O futuro pode ser perigoso. Agora você tem uma coisa, mas pode perdê-la. Você pode morrer amanhã. Sua esposa pode abandoná-lo. Você pode se ver na solidão. Você precisa estar perfeitamente seguro do amanhã".

Considere agora seu temor particular. Olhe-o. Observe suas reações a ele. Pode olhá-lo sem nenhum movimento de fuga, de justificação, condenação ou repressão? Pode olhar esse medo, sem a palavra que causa medo? Pode olhar a morte, por exemplo, sem a palavra que suscita o medo da morte? A própria palavra produz um estremecimento, não é verdade? — assim como a palavra amor produz seu estremecimento, sua imagem peculiar. Pois bem; a imagem que você tem na mente a respeito da morte, a lembrança de tantas mortes a que assistiu, e o relacionar a sua pessoa com tais incidentes — é essa a imagem que está criando o medo? Ou, com efeito, você tem medo do findar e não da imagem que cria o fim? É a palavra morte que lhe causa medo ou é o próprio findar? Se é a palavra ou a memória que está lhe causando medo, então não se trata realmente do medo.

Você esteve doente há dois anos, digamos, e a lembrança daquela dor, daquela doença, persiste, e a memória, agora em funcionamento, diz: "Tenha cuidado para não adoecer de novo!" Por conseguinte, a memória, com suas associações, está criando o medo, e isso não é realmente medo, porque, com efeito, neste momento você está gozando perfeita saúde. O pensamento, que é sempre velho — pois o pensamento é reação da memória, e as lembranças são sempre velhas —, o pensamento cria, no tempo, a idéia que lhe faz medo, a qual não é um fato real. O fato é que você está bem de saúde. Mas a experiência, que permaneceu na mente como memória, faz surgir o pensamento "Tenha cuidado para não adoecer novamente".

Estamos vendo, pois, que o pensamento engendra uma espécie de medo. Mas separado desse, existe realmente medo? É o medo sempre resultado do pensamento? Se é, existe alguma outra forma de medo? Tememos a morte — uma coisa que acontecerá amanhã ou depois de amanhã, com o tempo. Há uma distância entre a realidade e o que será. Ora, o pensamento experimentou esse estado; observando a morte, ele diz: "Eu vou morrer". O pensamento cria o medo da morte; e, se não o cria, existe então realmente o medo?

É o medo resultado do pensamento? Se é, uma vez que o pensamento é sempre velho, o medo é sempre velho. Como dissemos, não há pensamento novo. Se o reconhecemos, ele já é velho. Portanto, o que tememos é a repetição do velho — o pensamento sobre o que *foi*, projetando-se no futuro. Por conseguinte, o pensamento é o responsável pelo medo. Isso é um fato que você pode observar por si mesmo. Quando se está diretamente na presença de alguma coisa, não há medo. Só quando surge o pensamento é que há medo.

Por conseguinte, perguntamos agora: É possível à mente viver de maneira completa, total, no presente? Só assim a mente não tem medo. Mas, para compreender isso, você tem de compreender a estrutura do pensamento, da memória e do tempo. E, compreendendo-a, não intelectual nem verbalmente, porém de maneira real, com seu coração, sua mente, suas entranhas, você ficará livre do medo; a mente pode então servir-se do pensamento, sem criar medo.

O pensamento, como a memória, é naturalmente necessário ao viver. É o único instrumento de que dispomos para nos comunicarmos, para trabalharmos em nossos empregos etc. O pensamento é a razão da memória, memória acumulada por meio da experiência, do conhecimento, da tradição, do tempo. Desse acúmulo de memória é que provêm as nossas reações, e essas reações constituem o pensar. O pensamento, portanto, é essencial em certos níveis, porém, quando o pensamento se projeta, psicologicamente, como futuro e como passado, criando o medo bem como o prazer, a mente se embota e, por conseguinte, torna-se inevitável a inércia.

Assim, pergunto a mim mesmo: "Mas por que penso no futuro e no passado em termos de prazer e de dor, quando sei que esse pensamento gera medo? Não é possível o pensamento deter-se, psicologicamente, pois de outro modo o medo nunca terá fim?"

Uma das funções do pensamento é estar continuamente ocupado com alguma coisa. Em geral, desejamos ter a mente continuamente ocupada, para nos impedir de ver-nos como realmente somos. Temos medo de sentir-nos vazios. Temos medo de encarar os nossos temores.

Conscientemente, você pode perceber os seus temores, mas você está consciente deles nos níveis mais profundos? E como irá descobrir os temores ocultos, secretos? Pode o medo dividir-se em consciente e inconsciente? Essa é uma pergunta muito importante. O especialista, o psicólogo, o analista, dividiram o medo em camadas profundas e camadas superficiais, mas, se for seguir o que diz o psicólogo ou o que eu digo, você terá a compreensão de nossas teorias, de nossos dogmas, de nossos conhecimentos, mas não terá a compreensão de você mesmo. Você não pode se compreender de acordo com Freud, Jung ou de acordo comigo. As teorias de outras pessoas não têm importância nenhuma. É a *você mesmo* que deve perguntar se o medo pode ser dividido em consciente e subconsciente. Ou só existe medo, que você traduz de diferentes maneiras? Só existe um desejo; só há desejo. Você deseja. Os objetos do desejo variam, mas o desejo é sempre o mesmo. Assim, talvez, da mesma maneira, só existe o medo. Você tem medo de uma porção de coisas, mas só existe um medo.

Ao perceber que o medo não pode ser dividido, você verá que acabou com o problema do subconsciente, pregando uma peça nos psicólogos e nos analistas. Ao compreender que o medo é um movimento único que se expressa de diferentes maneiras, e ao ver o movimento e não o objetivo a que se dirige, você estará então em presença de uma questão imensa: Como olhar o medo sem a fragmentação que a mente cultivou?

Só existe o medo total, mas como pode a mente que pensa fragmentariamente observar esse quadro total? Pode observá-lo? Temos levado uma vida de fragmentação e só somos capazes de olhar o medo através do processo fragmentário do pensamento. Todo o processo do mecanismo do pensamento é dividir tudo em fragmentos: Eu amo você e eu odeio você; você é meu amigo, você é meu inimigo; minhas idiossincrasias e inclinações, meu emprego, minha posição, meu prestígio, minha mulher, meu filho, minha pátria e sua pátria, meu Deus e seu Deus — tudo isso é fragmentação do pensamento. E o pensamento olha o estado atual de medo, ou tenta olhá-lo, e o reduz a fragmentos. Vemos, por conseguinte, que a mente só pode olhar esse medo total quando não há movimentação do pensamento.

Você pode observar o medo sem nenhuma conclusão, sem nenhuma interferência do conhecimento que você acumulou a seu respeito? Se não pode, então o que está observando é o passado e não o medo; se pode, nesse caso você está, pela primeira vez, observando o medo sem a interferência do passado.

Só se pode olhar com a mente muito quieta, assim como só se pode ouvir o que alguém está dizendo, quando a mente não está tagarelando, travando consigo um diálogo a respeito de seus problemas e ansiedades. Você pode, da mesma maneira, olhar o seu medo, sem procurar dissolvê-lo, sem trazer à cena o seu oposto, a coragem; olhá-lo de fato, e não tentar fugir dele? Quando diz: "Eu tenho de controlá-lo, tenho de livrar-me dele, tenho de compreendê-lo" — você está tentando fugir dele.

Você pode observar uma nuvem, uma árvore ou o movimento de um rio, com a mente relativamente quieta porque essas coisas não são sumamente importantes para você; mas o observar a si mesmo é muito mais difícil, porque então as exigências são muito práticas, as reações muito rápidas. Assim, quando você está diretamente em contato com o medo ou o desespero, com a solidão e o ciúme, ou qualquer outro estado repulsivo da mente, pode olhar de maneira tão completa que sua mente fique suficientemente quieta para vê-lo?

Pode a mente receber o medo, e não as diferentes formas de medo; perceber o medo total, e não aquilo de que você tem medo? Se olhar meramente para os detalhes do medo ou procurar acabar com os seus temores um a um, você nunca alcançará o ponto central, que é aprender a viver com o medo.

O viver com uma coisa viva, como o medo, requer uma mente e um coração altamente sutis, que não chegaram a qualquer conclusão, podendo, portanto, seguir cada movimento do medo. Então, se você observar o medo, e com ele viver — e isso não leva um dia inteiro, porque um minuto ou um segundo pode bastar, para se conhecer a inteira natureza do medo —, se viver com ele completamente, você perguntará, inevitavelmente: "Qual a entidade que está vivendo com o medo? Qual a entidade que está observando o medo, observando cada movimento de todas as formas do medo, e ao mesmo tempo consciente do fato central do medo? Será o observador uma entidade morta, um ente estático, que acumula uma grande quantidade de conhecimentos e informações a respeito de si próprio, e essa coisa morta é que está observando e vivendo com o movimento do medo?" — Qual é a sua resposta? Não responda a mim, porém a você mesmo. É você — o observador — uma entidade morta a observar uma coisa viva, ou você é uma coisa viva a observar outra coisa viva? Porque, no observador, existem os dois estados.

O observador é o censor que não deseja o medo; o observador é o conjunto de todas as suas experiências relativas ao medo. E, assim, o observador está separado da coisa a que chama medo; há espaço entre ambos; está perpetuamente tentando dominá-lo ou dele fugir, e daí provém essa batalha entre ele próprio e o medo — essa batalha que é uma enorme perda de energia.

Observando-o, você aprenderá que o observador é meramente um feixe de idéias e lembranças sem validade, sem substância nenhuma, ao passo que aquele medo é uma realidade; assim, você está tentando compreender um fato com uma abstração, e isso, naturalmente, você não pode fazer. Mas será o observador, que diz "Tenho medo", diferente da coisa observada, o medo? O observador *é* o medo e, uma vez percebido isso, não há mais dissipação de energia no esforço para livrar-se do medo, e o intervalo de tempo-espaço, entre o observador e a coisa observada, desaparece. Quando perceber que você é uma parte do medo, que não está separado dele, que *você é o medo*, então nada poderá fazer a respeito dele: o medo acabou totalmente.

CAPÍTULO 6

A Violência — A Cólera — A Justificação e a Condenação — O Ideal e o Real

O medo, o prazer, o sofrimento, o pensamento e a violência estão relacionados entre si. Em maioria encontramos prazer na violência, em não gostar de alguém, em odiar uma dada raça ou grupo de pessoas, em nutrir sentimentos hostis para com os outros. Mas, no estado mental em que a violência desapareceu completamente, há uma alegria muito diferente do prazer da violência, com os seus conflitos, rancores e temores.

Podemos penetrar a raiz da violência e dela nos livrarmos? De contrário, viveremos batalhando perenemente uns com os outros. Se é dessa maneira que deseja viver — e aparentemente a maioria das pessoas deseja — continue então assim; se diz "Ora, sinto muito, mas a violência nunca terá fim, jamais acabará" — nesse caso você e eu não temos possibilidade de comungar, uma vez que você se emparedou; mas se você diz que talvez exista uma maneira diferente de viver, teremos então a possibilidade de comunhão.

Consideremos, pois, juntos — aqueles de nós que têm a capacidade de comungar — se existe alguma possibilidade de acabarmos totalmente com qualquer forma de violência em nós mesmos existente, e ao mesmo tempo vivermos neste mundo monstruoso e brutal. Acho que é possível. Não desejo ter em mim a mais leve sombra de ódio, de ciúme, de ansiedade ou de medo. Quero viver completamente em paz. Mas isso não significa que quero morrer. Quero viver nesta Terra maravilhosa, tão cheia de vida, de riqueza e de beleza! Quero olhar as árvores, as flores, os rios, os prados, as mulheres, as crianças, e ao mesmo tempo viver completamente em paz comigo mesmo e com o mundo. O que posso fazer?

Se soubermos olhar a violência, não só exteriormente, na sociedade — guerras, rebeliões, antagonismos nacionais e conflitos de classes —, mas também em nós mesmos, talvez então tenhamos a possibilidade de transcendê-la.

Esse é um problema muito complexo. Há séculos e séculos que o homem é violento; as religiões, em todo o mundo, tentaram amansá-lo, e nenhuma delas foi bem-sucedida. Assim, se vamos examinar essa questão, devemos, acho eu, encará-la com toda a seriedade, porque esse exame nos levará a um domínio completamente diferente. Mas se desejamos meramente entreter-nos intelectualmente com o problema, não iremos muito longe.

Você pode pensar que, de sua parte, esse problema o interessa muito, mas, uma vez que há tanta gente no mundo que não o leva a sério e não se mostra disposta a tomar alguma medida em relação a ele, de que serve você fazer alguma coisa? Não me importa se os outros o levam a sério ou não; eu o levo a sério, e tanto basta. Eu não sou o guarda do meu irmão[1]. Eu, de

1. Alusão às palavras de Caim, após assassinar Abel. (N. do T.)

minha parte, como ente humano, sinto-me fortemente interessado nessa questão da violência, e farei o necessário para eu próprio não ser violento; mas não posso dizer a você nem a ninguém: "Não seja violento". Isso não tem significação alguma, a não ser que você também não queira ser. Assim, se pessoalmente deseja compreender o problema da violência, prossigamos juntos a nossa viagem de exploração.

O problema da violência é exterior ou interior? Você quer resolver o problema no mundo exterior, ou está questionando a violência em si, tal como existe em você? Se, interiormente, em você mesmo, está livre da violência, surge logo a pergunta: "Como posso viver num mundo cheio de violência, ganância, avidez, inveja, brutalidade? Não serei destruído?" — Esta é a pergunta que inevitável e invariavelmente se faz. Fazendo tal pergunta, não me parece que você está vivendo realmente em paz. Se vive pacificamente, você não tem problema de espécie alguma. Pode ir para a prisão se se recusar a alistar-se no exército, ou ser fuzilado se se recusar a combater; mas isso não é problema: você será fuzilado. É extremamente importante compreender isso.

Estamos tentando compreender a violência como um fato, não como uma idéia; como um fato existente no ente humano, e o ente humano sou eu. E, para examinar o problema, eu tenho de ser *completamente* vulnerável, aberto a ele. Tenho de desmascarar-me a mim mesmo; não há necessidade de me desmascarar diante de você, porque isso talvez não lhe interesse — mas devo achar-me num estado mental que queira levar o exame completamente a cabo, sem me deter em nenhum ponto, dizendo "não irei mais adiante".

Ora, devo ver bem claramente que sou um ente humano violento. Tenho experimentado a violência na cólera, nos apetites sexuais, no ódio, no criar inimizades, no ciúme etc. Tendo-a experimentado, conhecido, digo de mim para mim: "Quero compreender esse problema integralmente, e não apenas um fragmento seu, conforme se expressa na guerra; quero compreender essa agressividade existente no homem e que também existe nos animais, dos quais faço parte".

Violência não é meramente assassinar. Há violência no uso de uma palavra áspera, num gesto de desprezo, na obediência motivada pelo medo. A violência, portanto, não é apenas a carnificina organizada, em nome de Deus, da sociedade, da pátria. A violência é muito mais sutil e profunda, e nós queremos investigar as suas últimas profundezas.

Quando você se denomina indiano, ou maometano, ou cristão, ou europeu, ou o que quer que seja, está sendo violento. Sabe por quê? Porque você está se separando do resto da humanidade. Quando se separa, pela crença, pela nacionalidade, pela tradição, gera-se violência. Assim, o homem que deseja compreender a violência não deve pertencer a nenhuma nação, nenhuma religião, nenhum partido político ou sistema partidário; o que deve interessá-lo é a compreensão total da humanidade.

Pois bem; há duas escolas principais de pensamento que se interessam pela violência. Uma delas diz: "A violência é inata no homem"; a outra diz: "A violência é o resultado da herança social e cultural do homem". Não nos interessa a escola a que você pertença, pois isso não tem importância nenhuma. O importante é o fato de que somos violentos e não a razão desse fato.

Uma das expressões da violência mais comuns é a cólera. Quando atacam minha esposa ou minha irmã, sinto-me justamente encolerizado; quando são atacados a minha pátria, as minhas idéias, os meus princípios, a minha maneira de vida, fico também justamente encolerizado. Sinto também cólera quando são atacados os meus hábitos, as minhas insignificantes opiniões. Se você me pisa no pé ou me insulta, enraiveço-me, ou se você foge com minha mulher sinto ciúme, um ciúme também justo, porque ela me pertence. Todas essas manifestações de cólera são moralmente justificadas. Também se justifica o matar pela pátria. Assim, falando a respeito da cólera, que faz parte da violência, consideramo-la em termos de cólera justa e cólera injusta, conforme nossas próprias inclinações ou as pressões do ambiente, ou a consideramos como cólera simplesmente? Existe cólera justa? Ou só existe a cólera? Não há influência boa ou influência má — só há influência; mas quando sou influenciado por uma coisa que não me convém, chamo-lhe má influência.

Se você protege sua família, sua pátria, um trapo colorido chamado bandeira, uma crença, uma idéia, um dogma, aquilo que quer possuir ou que já tem nas mãos, essa própria proteção denota cólera. Assim, você pode olhar a cólera sem nenhuma explicação ou justificação, sem dizer: "Tenho de proteger o que é meu" ou "Tive razão para me encolerizar" ou "Que estupidez a minha, ter-me encolerizado"? Você consegue olhar a cólera como uma coisa em si? Consegue olhá-la de maneira completamente nova, quer dizer, sem defendê-la, nem condená-la? Consegue?

Posso ver se lhe sou hostil ou se o considero uma pessoa excelente? Só posso vê-lo quando o olho com certo cuidado em que não esteja contida nenhuma dessas coisas. Ora, posso eu olhar a cólera da mesma maneira, o que significa que sou vulnerável ao problema, que não resisto a ele, que estou observando, que estou observando esse extraordinário fenômeno sem nenhuma reação a ele?

É muito difícil considerar a cólera desapaixonadamente, porquanto ela faz parte de mim, mas é isso o que estou tentando fazer. Aqui estou eu, um ente humano violento, não importando se sou preto, se sou moreno, branco ou vermelho. Não importa se herdei essa violência ou se a sociedade a produziu. Só isto me importa: "Se é possível libertar-me dela". Livrar-me da violência significa tudo para mim. É-me mais importante do que o sexo, o alimento, a posição, porque essa coisa está me corrompendo. Estou a destruir-me e a destruir o mundo, e preciso compreender a violência, transcendê-la. Sinto-me responsável por toda a cólera e toda a violência existentes no mundo. Sinto-me responsável, e isso não são meras palavras. Digo de mim para comigo: "Só posso fazer alguma coisa se eu próprio transcender a cólera, a violência, a nacionalidade". E esse meu sentimento de que devo compreender a violência que existe em mim me confere uma estupenda vitalidade e paixão para compreendê-la.

Mas, para transcender a violência, não posso reprimi-la, negá-la, não posso dizer: "Ora, ela faz parte de mim, e está acabado" ou "Eu não a quero". Tenho de enfrentá-la, de estudá-la, de entrar em intimidade com ela, e essa intimidade não é possível se a condeno ou justifico. Entretanto, na verdade, nós a condenamos e justificamos. Por conseguinte, digo "Deixemos, por ora, de condená-la ou de justificá-la".

Ora bem, se você quer acabar com a violência, acabar com as guerras, quanta vitalidade, quanto de você mesmo aplica a isso? Não lhe importa que seus filhos pequenos sejam mortos, que seus filhos mais velhos se alistem no exército para serem maltratados e abatidos como reses? Não lhe importa isso? Deus meu! se isso não lhe importa, o que mais lhe importa? Conservar seu dinheiro? Gozar a vida? Tomar drogas? Não percebe que a violência que existe em você está destruindo os seus filhos? Ou você a vê apenas como uma espécie de abstração?

Bem; se você tem interesse nisso, aplique-se de corpo e alma a compreendê-lo. Não se recoste na cadeira, dizendo: "Está bem; conte-nos toda a história". Preciso fazê-lo ver que não se pode olhar a cólera nem a violência com olhos que condenam ou justificam, e que, se a violência não representa para você um urgente problema, não pode afastar essas duas coisas. Assim, em primeiro lugar, você tem de aprender; tem de aprender a olhar a cólera, a olhar seu marido, sua esposa, seus filhos; tem de escutar o político, aprender por que você não é objetivo, por que condena ou justifica. Tem de aprender que você condena e justifica porque isso faz parte da estrutura social em que vive, faz parte do seu condicionamento como alemão, indiano, negro, americano — ou o que acaso você for por nascimento —, com todo o embotamento mental resultante desse condicionamento. Para aprender, para descobrir uma coisa fundamental, você precisa de penetração. Se você tem um instrumento obtuso, um instrumento embotado, não pode penetrar profundamente. Assim, o que agora estamos fazendo é aguçando o instrumento, que é a mente — essa mente que se embotou por causa do justificar e do condenar. Você só será capaz de penetrar fundo se sua mente for penetrante como uma agulha e forte como o aço.

De nada serve ficar recostado e perguntar: "Como chegarei a ter essa mente?". Você tem de desejá-la assim como deseja a sua próxima refeição, e para tê-la você deve ver que o que está tornando sua mente embotada e estúpida é esse estado de invulnerabilidade que ergueu muralhas ao redor dela e que faz parte da condenação e da justificação. Se a mente puder libertar-se desse estado, você será então capaz de olhar, de estudar, de penetrar e, assim, talvez, alcançar um estado totalmente consciente do problema em seu todo.

Voltemos, pois, ao problema central: É possível erradicarmos a violência que existe em nós? É uma forma de violência dizer: "Você não mudou! Por que não mudou?" — Não é isso que estou fazendo. Para mim, nada significa convencê-lo de *uma coisa*. Trata-se da sua vida, e não da minha vida. Sua maneira de viver é da sua própria conta. O que pergunto é se é possível a um ente humano que psicologicamente vive em não importa que sociedade, se é possível a esse ente humano libertar-se interiormente da violência. Se é possível, esse mesmo processo criará uma nova maneira de viver neste mundo.

A maioria aceita a violência como modo de vida. Duas guerras medonhas nada nos ensinaram a não ser a levantar mais e mais barreiras entre os seres humanos — entre você e eu. Mas, quanto àqueles que desejam libertar-se da violência, que se deve fazer? Penso que nada se conseguirá por meio da análise, feita por você mesmo ou por um profissional. Poderíamos, talvez, modificar-nos ligeiramente, viver um pouco mais sossegadamente, com um pouco mais de afeição, mas isso, por si só, não nos dará a percepção total. Mas eu preciso saber analisar, pois, no processo da análise, a mente se torna sobremodo penetrante e é essa capacidade de penetração, de atenção, de seriedade, que dará a percepção total. Ninguém tem olhos capazes de ver o todo num relance; essa clarividência só é possível se podemos ver os detalhes e, depois, *saltar*.

Alguns dentre nós, a fim de se libertarem da violência, têm-se servido de um conceito, de um ideal chamado "não-violência", e pensamos que, tendo um ideal que seja o oposto da violência — a não-violência — podemos libertar-nos do fato, da coisa real; mas não podemos. Temos tido inumeráveis ideais, todos os livros sagrados estão cheios deles e, contudo, continuamos violentos; portanto, por que não enfrentar a própria violência e esquecer de todo a palavra?

Se você quer compreender a realidade, a isso deve aplicar toda a sua energia. Essa atenção e energia são desviadas quando se cria um mundo fictício, ideal. Assim, você consegue banir completamente o ideal? O homem que é realmente sério, que sente a ânsia de descobrir o que é a verdade, o que é o amor, não tem conceito de espécie alguma. Só vive dentro de *o que é*.

Para investigar o fato de sua própria cólera, você não deve pronunciar julgamento sobre ela, porque no mesmo instante em que concebe o seu oposto, a está condenando e, por conseguinte, não pode vê-la tal como é. Quando você diz que não gosta ou que tem ódio de alguém, isso é um fato, embora pareça terrível. Se você o olha, se o examina cabalmente, ele deixa de existir; mas se disser "Eu não devo odiar; devo ter amor no coração", você fica então vivendo num mundo hipócrita, de duplos padrões. Viver com plenitude no momento presente é viver com o que é, o real, sem idéia de condenação ou justificação; então você o compreende tão completamente que fica livre dele. Quando se vê claramente, o problema está resolvido.

Mas você consegue ver claramente a face da violência, não só fora mas também dentro de você, o que significa que está totalmente livre da violência, uma vez que não aceitou nenhuma ideologia para, por meio dela, libertar-se da violência? Isso exige meditação muito profunda, e não uma simples concordância ou discordância verbal.

Você acabou de ler uma série de asserções, mas terá compreendido tudo? Sua mente condicionada, seu modo de vida, a inteira estrutura da sociedade em que vive, impedem-no de olhar um fato e dele se livrar imediatamente. Você diz: "Vou pensar a respeito disso; vou considerar se é ou não possível libertar-me da violência. Vou tentar ser livre". Esta é uma das coisas mais terríveis que se pode dizer: Vou tentar. Não existe tentar, não existe esforçar-se. Ou a gente age ou não age. Você está admitindo o tempo, com a casa em chamas. A casa está ardendo, como resultado da violência existente no mundo inteiro e em você mesmo, e você diz "Vou pensar nisso. Qual é a melhor ideologia para extinguir o fogo?" Quando a casa está em chamas, você discute sobre a cor dos cabelos do homem que traz a água?

CAPÍTULO 7

As Relações — O Conflito — A Sociedade — A Pobreza — As Drogas — A Dependência — A Comparação — O Desejo — Os Ideais — A Hipocrisia

A cessação da violência, que acabamos de considerar, não implica necessariamente um estado em que a mente fica em paz consigo mesma e, por conseguinte, em todas as suas relações.

As relações entre os seres humanos se baseiam no mecanismo defensivo, formador de imagens. Em todas as relações cada um de nós forma uma imagem a respeito do outro e as duas imagens ficam em relação, e não os próprios entes humanos. A esposa tem uma imagem do marido — talvez inconsciente, contudo existente — e o marido tem uma imagem da esposa. Temos uma imagem a respeito do nosso país e a respeito de nós mesmos, e estamos constantemente fortalecendo essas imagens, acrescentando-lhes sempre alguma coisa. A relação existente é entre essas imagens. A verdadeira relação entre dois ou vários seres humanos cessa completamente quando há a formação de imagens.

A relação baseada em tais imagens jamais produzirá a paz, porquanto as imagens são fictícias, e não se pode viver abstratamente. Entretanto, é isso o que todos fazemos: vivemos entre idéias, teorias, símbolos, imagens que criamos a respeito de nós mesmos e de outros e que, em absoluto, não são realidades. Todas as nossas relações, sejam com a propriedade, sejam com idéias ou pessoas, se baseiam essencialmente nessa formação de imagens e, por essa razão, existe sempre conflito.

Como é então possível estarmos completamente em paz em nosso interior e em todas as nossas relações com os outros? A vida é um movimento de relações, pois de outro modo não há vida; e se essa vida está baseada numa abstração, numa idéia, numa suposição especulativa, então esse viver abstrato produzirá inevitavelmente relações que se tornam um campo de batalha. Ora, será possível ao homem viver uma vida interior de perfeita ordem, sem compulsão, imitação, repressão ou sublimação, em nenhuma forma? Pode o homem estabelecer, em si mesmo, uma ordem que seja uma qualidade viva, não aprisionada na estrutura das idéias — uma tranqüilidade interior que não conheça perturbação em momento algum — não num mundo abstrato, fantástico, mítico, porém na vida de cada dia, no lar e no emprego?

Devemos examinar essa questão muito cuidadosamente, porquanto não há um só ponto em nossa consciência não contaminado pelo conflito. Em todas as nossas relações, sejam elas com a pessoa mais íntima, sejam com nosso vizinho ou a sociedade, esse conflito existe — o conflito é uma contradição, um estado de divisão, de separação, de dualidade. Observando-nos e observando nossas relações com a sociedade, notamos que em todos os níveis da nossa existência há conflito, de menor ou maior importância, o qual provoca ou reações muito superficiais ou conseqüências devastadoras.

O homem aceitou o conflito como parte da existência diária porque aceitou a competição, o ciúme, a avidez, e ganância e a agressão como norma natural da vida. Quando aceitamos tal norma da vida, estamos aceitando a estrutura social tal qual é e vivendo segundo o padrão da respeitabilidade. E é nessa rede que está aprisionada a maioria, visto que quase todos aspiram a ser respeitáveis. Examinando nossa mente e nosso coração, nossa maneira de pensar, nossa maneira de sentir e de agir na vida diária, observamos que, enquanto estamos nos ajustando ao padrão da sociedade, a vida tem de ser um campo de batalha. Se não a aceitamos — pois uma pessoa religiosa não pode de modo nenhum aceitar uma tal sociedade — estaremos então completamente livres da estrutura psicológica da sociedade.

A maioria de nós é rica das coisas da sociedade. O que a sociedade criou em nós e, também, o que criamos em nós mesmos, é avidez, inveja, cólera, ódio, ciúme, ansiedade — de tudo isso somos muito ricos. As religiões, em todo o mundo, sempre pregaram a pobreza. O monge toma um hábito, muda de nome, raspa a cabeça, entra numa cela e faz voto de pobreza e de castidade; no Oriente eles trajam uma tanga, um manto e só tomam uma refeição por dia. Todos nós respeitamos essa espécie de pobreza. Mas os homens que vestiram o manto da pobreza continuam, interiormente, psicologicamente, ricos das coisas da sociedade, porquanto estão ainda em busca de posição e de prestígio; pertencem a esta ou àquela ordem, a esta ou àquela religião; continuam a viver nas divisões próprias de uma dada cultura ou tradição. Isso não é pobreza. Pobreza é estar completamente livre da sociedade, mesmo possuindo algumas roupas e tomando mais refeições — meu Deus! que importa isso? Mas, infelizmente, na maioria das pessoas existe esse impulso para o exibicionismo.

A pobreza se torna uma coisa maravilhosa e bela, quando a mente está livre da sociedade. Temos de ser pobres interiormente, porque então não há mais buscar, nem indagar, nem desejar, nem — nada! Só essa pobreza interior pode ver a verdade existente numa vida completamente sem conflito. Tal vida é uma bênção não encontrável em nenhuma igreja ou templo.

Mas como será possível nos libertarmos da estrutura psicológica da sociedade, o que equivale a libertar-nos da essência do conflito? Não é difícil aparar ou podar certos ramos do conflito; mas estamos perguntando a nós mesmos se é possível vivermos em completa tranqüilidade interior e, por conseguinte, exterior. Isso não significará vegetar ou estagnar. Ao contrário, tornar-nos-emos dinâmicos, cheios de vitalidade e de energia.

Para compreendermos e nos libertarmos de um problema, necessitamos de abundante energia, apaixonada, persistente, não só energia física e intelectual, mas também uma energia independente de qualquer motivo, de qualquer estímulo psicológico ou droga. Se dependemos de algum estímulo, esse próprio estímulo tornará a mente embotada e insensível. Tomando uma certa droga, podemos encontrar, temporariamente, energia suficiente para vermos as coisas muito mais claramente, mas temos de voltar ao estado anterior e, por conseguinte, nos tornarmos cada vez mais dependentes dessa droga. Assim, todo estímulo, seja da igreja, seja do álcool ou das drogas, da palavra escrita ou falada, acarretará inevitavelmente a dependência — e essa dependência nos impede de ver claramente, por nós mesmos, e, por conseguinte, de ter a energia vital.

Infelizmente, todos nós dependemos de alguma coisa. Por que dependemos? Por que existe esse impulso a depender? Estamos viajando juntos; você não está à espera de que eu lhe mostre as causas da sua dependência. Se investigarmos juntos, nós as *descobriremos*, e tal descobrimento será então seu e, por conseguinte, sendo seu, lhe dará vitalidade.

Eu descubro por mim mesmo que dependo de uma certa coisa, de um auditório, por exemplo, para ser estimado. Desse auditório, do falar a um grande grupo de pessoas, me vem uma certa espécie de energia. Conseqüentemente, dependo desses ouvintes, dessas pessoas, quer concordem, quer não concordem comigo. Quanto mais discordarem de mim, tanto mais vitalidade me darão. Se concordam, o que lhes digo se torna uma coisa muito superficial, vazia. Assim, descubro que necessito de ouvintes, porque é uma coisa muito estimulante dirigir a palavra a muitas pessoas. Ora, por quê? Por que tenho essa dependência? Porque interiormente nada tenho, interiormente não existe em mim uma fonte sempre cheia, abundante de vida e de movimento. Por isso, eu dependo. Descobri a causa.

Mas o descobrimento da causa me livrará de ser dependente? O descobrimento da causa é puramente intelectual e, portanto, evidentemente, não pode libertar a mente de sua dependência. A mera aceitação intelectual de uma idéia ou a aquiescência emocional a uma ideologia não pode libertar a mente da dependência daquilo que lhe dá estímulo. O que liberta a mente da dependência é o percebimento da inteira estrutura e natureza do estímulo e da dependência e de como essa dependência torna a mente estúpida, embotada e inerte. Só o percebimento dessa totalidade liberta a mente.

Cumpre, pois, investigar o que significa ver totalmente. Enquanto eu estiver vendo a vida de um certo ponto de vista, de uma dada experiência ou conhecimento que acumulei e que constitui o meu fundo, meu "eu", não posso ver totalmente. Descobri intelectualmente, verbalmente, pela análise, a causa da minha dependência, mas tudo o que o pensamento investiga só pode ser fragmentário e, portanto, só posso ver a totalidade de uma coisa quando o pensamento não interfere.

Percebo então o fato — minha dependência. Percebo realmente *o que é*. Vejo-o sem agrado nem desagrado, e não desejo libertar-me dessa dependência ou de sua causa. Observo-a e com essa qualidade de observação percebo o quadro inteiro; e, quando a mente percebe o quadro inteiro, dá-se a libertação. Ora, descobri que há uma dissipação de energia quando há fragmentação. Descobri a própria fonte da dissipação da energia.

Você pode pensar que não há desperdício de energia se imita, se aceita a autoridade, se depende do sacerdote, do ritual, do dogma, do partido, ou de uma certa ideologia, mas o aceitar e seguir uma ideologia, boa ou má, sagrada ou profana, é uma atividade fragmentária e, portanto, uma causa de conflito; e o conflito surge inevitavelmente quando há separação entre o que "deveria ser" e "o que é", e todo conflito é dissipação de energia.

Se você faz a si mesmo a pergunta: "Como posso libertarme do conflito?" — está criando outro problema e, por conseguinte, aumentando o conflito, ao passo que, se o perceber simplesmente como um fato — o vir como veria um objeto concreto — clara e diretamente — compreenderá então a essência, a verdade de uma vida isenta de conflito.

Em outras palavras: Estamos sempre comparando o que somos com o que deveríamos ser. O "deveria ser" é uma projeção do que pensamos que deveríamos ser. A contradição existe quando há comparação, não só com alguma coisa ou pessoa, mas também com o que ontem éramos, e, por conseguinte, há conflito entre o que *foi* e o que *é*. Só existe *o que é* quando não há comparação de espécie alguma, e viver com *o que é* é viver em paz. Você pode aplicar então toda a sua atenção, sem distinção alguma, ao que existe dentro de você mesmo — desespero, malevolência, brutalidade, medo, ansiedade, solidão — e viver com isso, completamente; não há então contradição e, por conseguinte, não há conflito.

Mas estamos continuamente a comparar-nos — com os que são mais inteligentes ou mais ricos, mais intelectuais, mais afetuosos, mais famosos, mais isto e mais aquilo. O "*mais*" tem um importantíssimo papel em nossa vida; essa medição de nós mesmos com alguma coisa ou pessoa é uma das principais causas do conflito.

Ora, por que é que existe comparação? Por que você se compara com outrem? Essa comparação lhe foi ensinada desde a infância. Em toda escola, A é comparado com B, e A destrói a si próprio, a fim de igualar-se a B. Quando não se faz comparação alguma, quando não há ideal, nem oposto, nem fator de dualidade, quando você não luta mais para ser diferente do que é — que aconteceu à sua mente? Sua mente deixou de criar o oposto e se tornou altamente inteligente e sensível, capaz de extraordinária percepção, porquanto todo esforço é dissipação de paixão — a paixão que é energia vital — e nada se pode fazer sem paixão.

Se não se compara com outra pessoa, você é o que é. Pela comparação você espera evoluir, tornar-se mais inteligente, mais belo. Mas será que vai conseguir? O *fato* é o que é e, quando você o compara, está fragmentando o fato — o que é desperdício de energia. O ver o que na realidade você é, sem comparação, lhe dá uma tremenda energia para olhar. Quando você consegue olhar sem comparação, já transcendeu a comparação, e isso não significa que a mente se estagna no contentamento. Vemos, pois, em essência, como a mente desperdiça a energia que é tão necessária para se compreender a totalidade da vida.

Não desejo saber com quem estou em conflito; não desejo conhecer os conflitos periféricos da minha existência; o que desejo saber é por que razão existe o conflito. Ao fazer a mim mesmo essa pergunta, percebo uma questão fundamental que nada tem em comum com os conflitos periféricos e suas soluções. Estou interessado no problema central e vejo — talvez você também veja — que a própria natureza do desejo, se não for devidamente compreendida, levará inevitavelmente ao conflito.

O desejo está sempre em contradição. Desejo coisas contraditórias. Não estou dizendo que devo destruir, reprimir, controlar ou sublimar o desejo: estou vendo, simplesmente, que o desejo em si é contraditório. Não é o objeto do desejo, mas a sua verdadeira natureza que é contraditória. Tenho de compreender a natureza do desejo, antes de poder compreender o conflito. Em nós mesmos, vemo-nos num estado de contradição, e esse estado de contradição é criado pelo desejo — sendo o desejo a busca do prazer e o evitar a dor que já conhecemos. Assim, vemos o desejo como a raiz de toda contradição — desejando uma coisa e ao mesmo tempo não a desejando: uma atividade dual. Quando fazemos uma coisa agradável não há esforço algum, há? Mas o prazer traz a dor e vem em seguida a luta para evitar a dor: mais uma maneira de dissipar energia. Por que é que existe dualidade? Há, decerto, dualidade na natureza — homem e mulher, luz e sombra, noite e dia; mas, interiormente, psicologicamente, por que temos a dualidade? Por favor, pense nisso, de maneira completa, junto comigo; você tem de exercer sua mente para descobrir as coisas; minhas palavras são simplesmente um espelho em que você está se mirando. Por que temos essa dualidade psicológica? É porque fomos educados para comparar sempre "o que é" com o que "deveria ser"? Fomos condicionados para discriminar o que é certo e o que é errado, o que é bom e o que é mau, o que é moral e o que é imoral. Terá surgido essa dualidade porque acreditamos que, se pensarmos no oposto da violência, no oposto da inveja, do ciúme, da mediocridade, isso nos ajudará a libertar-nos dessas coisas? Servimo-nos do oposto como de uma alavanca para nos livrarmos de "o que é"? Ou trata-se de uma fuga da realidade?

Será que você se serve do oposto como meio de evitar "o que é", por não saber o que fazer com ele? Ou foi ensinado, por milhares de anos de propaganda, que você deve ter um ideal — o oposto de "o que é" — para poder enfrentar o presente? Quando tem um ideal, você crê que ele o ajudará a libertar-se de "o que é", o que, entretanto, nunca acontece: Você pode pregar a não-violência até o fim da vida e, em todo esse tempo, estar semeando os germes da violência.

Você tem um conceito do que deveria ser e de como deve agir, e o fato é que está sempre atuando de maneira completamente diferente. Vê-se, pois, que os princípios levam inevitavelmente à hipocrisia e a uma vida desonesta. É o ideal que cria o oposto de "o que é"; assim, se souber ficar com "o que é", o oposto se tornará desnecessário.

O procurar se tornar igual a outrem ou igual ao seu ideal é uma das principais causas da contradição, de confusão e de conflito. A mente que está confusa, não importa o que faça, em qualquer nível que deseja, permanecerá confusa. Vejo isso muito claramente; vejo-o com tanta clareza como vejo um perigo físico imediato. Que acontece, pois? Deixo de agir em termos de confusão. Por conseguinte, a inação é ação completa.

CAPÍTULO 8

A Libertação — A Revolta — A Solidão — A Inocência — Viver com Nós Mesmos como Somos

Nunca as agonias da repressão nem a brutalidade da disciplina de ajustamento a um padrão conduziram à verdade. Para encontrar-se com a verdade, a mente deve estar completamente livre e sem a mínima deformação.

Mas, primeiramente, perguntemo-nos se desejamos realmente ser livres. Quando falamos de liberdade, estamos nos referindo à liberdade completa ou à libertação *de* uma certa coisa inconveniente, desagradável ou indesejável? Gostaríamos de ficar livres de lembranças dolorosas e desagradáveis e das nossas experiências infelizes, conservando, porém, nossas aprazíveis e satisfatórias ideologias, fórmulas e relações. Mas conservar uma coisa sem a outra é impossível, porque, como já vimos, o prazer é inseparável da dor.

Cabe, portanto, a cada um de nós decidir se desejamos ou não ser completamente livres. Se dissermos que o desejamos, teremos então de compreender a natureza e a estrutura da liberdade.

É liberdade estar-se livre *de* alguma coisa — livre de uma dor, de uma espécie de ansiedade? Ou a liberdade, em si, é coisa inteiramente diferente? Você pode estar livre do ciúme, por exemplo, mas não é essa liberdade uma reação e, por conseguinte, liberdade nenhuma? Você pode libertar-se muito facilmente de um dogma, analisando-o, rejeitando-o, mas o motivo dessa libertação tem sua reação própria, porquanto o desejo de nos livrarmos de um dogma pode dever-se a ter ele caído de moda, já não sendo conveniente. Ou você pode ficar livre do nacionalismo por crer no internacionalismo, ou porque sente que, economicamente, já não é necessário estar apegado a esse estúpido dogma nacionalista, com sua bandeira e demais futilidades. Você pode facilmente rejeitá-lo. Ou pode reagir a um certo líder espiritual ou político que lhe prometeu a libertação como resultado de disciplina e de revolta. Mas terá uma racionalização, uma conclusão dessa espécie, alguma coisa em comum com a liberdade?

Se você disser que está livre *de* uma certa coisa, trata-se de uma reação, que depois se tornará outra reação, que produzirá uma outra maneira de ajustamento, uma forma de domínio. Dessa maneira, você pode ter uma cadeia de reações e aceitar cada reação como uma libertação. Mas isso não é libertação, porém apenas a continuidade modificada de um passado a que a mente está apegada.

A juventude de hoje, como a juventude de sempre, está em revolta contra a sociedade, e isso, em si, é uma coisa boa, mas revolta não é libertação, porquanto o revoltar-se constitui uma reação, reação que estabelece o seu peculiar padrão, no qual você fica enredado. Você pensava que se trata de uma coisa nova. Mas não é; é o velho, posto num diferente molde. Qualquer espécie de revolta social ou política reverterá inevitavelmente à boa e velha mentalidade burguesa.

A liberdade só existe quando você vê e age, e nunca mediante a revolta. Ver é agir, e essa ação é tão importante como a ação que se modifica ao ver um perigo. Não há então atividade mental, não há discussão nem hesitação; o próprio perigo compele ao ato e, por conseguinte, ver é agir e ser livre.

A liberdade é um estado mental; não é estar livre *de* alguma coisa, porém um estado de liberdade — liberdade para duvidar e questionar todas as coisas e, portanto, uma liberdade tão intensa, ativa e vigorosa, que expulsa toda espécie de dependência, de escravidão, de ajustamento e aceitação. Essa liberdade implica o estar completamente *só*. Mas pode a mente que foi criada numa dada cultura e que tanto depende do ambiente e das próprias tendências descobrir aquela liberdade que é solidão total e na qual não há líderes, nem tradição, e nenhuma autoridade?

A solidão é um estado mental interno, independente de qualquer estímulo ou conhecimento, e não o resultado de alguma experiência ou conclusão. A maioria de nós nunca está só, interiormente. Há diferença entre o isolar-se, o segregar-se, e o estar só, a solidão. Todos sabemos o que significa estar isolado — o levantar uma barreira ao redor de nós para que nunca sejamos molestados, nunca sejamos vulneráveis; ou o cultivar o desapego, que é uma outra espécie de agonia; ou o viver na fantástica torre de marfim de uma ideologia. A solidão é completamente diferente disso.

Você nunca está só porque está cheio de todas as memórias, todas as murmurações de ontem; sua mente nunca está livre desses trastes imprestáveis que acumulou. Para ficar só, você tem de morrer para o passado. Quando está só, totalmente só, sem pertencer a qualquer família, a nenhuma nação, a qualquer continente em particular, você tem a sensação de ser um estranho. O homem que, dessa maneira, está completamente só, é inocente, e essa inocência é que liberta a mente do sofrimento.

Levamos conosco a carga de tudo o que disseram milhares de pessoas, e das lembranças de todos os nossos infortúnios. Abandonar tudo isso, totalmente, é *estar só*, e a mente que está só não apenas é inocente, mas também jovem — não no tempo ou na idade, porém juvenil, purificada, viva, qualquer que seja a idade; só essa mente pode ver o que é a verdade, e aquilo que as palavras não podem medir.

Nessa solidão, você compreenderá a necessidade de viver com você mesmo tal como é e não como pensa que deveria ser ou ter sido. Veja se consegue se olhar sem nenhum estremecimento, sem falsa modéstia, medo, justificação ou condenação; viva com você mesmo, tal como realmente é.

Só vivendo intimamente com uma coisa, você começa a compreendê-la. Mas tão logo se acostuma com ela, tão logo se acostuma com sua ansiedade ou inveja ou o que mais seja, já não está mais vivendo com ela. Se for morar perto de um rio, passadas algumas semanas já não ouvirá o som das águas, ou, se tem um quadro na sala, que vê todos os dias, após uma semana já o perdeu. O mesmo em relação às montanhas, aos vales, às árvores; o mesmo em relação aos filhos, ao marido, à esposa. Mas, para viver com uma coisa, tal como o ciúme, a inveja, a ansiedade, você nunca pode acostumar-se com ela, nunca deve aceitá-la. Deve cuidar dela, como cuida de uma árvore recém-plantada, que você protege contra o sol e as intempéries. Você tem de zelar por aquela coisa, jamais condená-la ou justificá-la. Assim, você começa a amá-la. Quando tem zelo por ela, já está começando a amá-la. Isso não significa amar a inveja ou a ansiedade, como há quem o faça, porém, sim, ter o zelo necessário à observação.

Assim, será possível, você e eu, vivermos com o que realmente somos, sabendo que somos estúpidos, invejosos, medrosos, crentes de que possuímos uma enorme capacidade de afeição, quando não a possuímos, facilmente ofendidos, facilmente lisonjeados e entediados; poderemos viver com tudo isso, sem o aceitar nem rejeitar, porém, tão-só, observando-o, sem nos tornarmos mórbidos, deprimidos ou orgulhosos?

Agora, façamos a nós mesmos mais uma pergunta: Pode essa liberdade, essa solidão, essa entrada em contato com a inteira estrutura daquilo que somos em nós mesmos, ser alcançada com o tempo? Isto é, pode a liberdade ser alcançada por meio de um processo gradual? Não pode, evidentemente, porque tão logo se introduz o tempo, você fica a se escravizar cada vez mais. Ninguém pode libertar-se gradualmente. Não é uma questão de tempo.

A pergunta subseqüente é esta: Você pode se tornar consciente dessa liberdade? Se diz "Sou livre", nesse caso não está livre. É o mesmo que um homem dizer "Sou feliz". No momento em que diz: "Sou feliz", está vivendo na lembrança de uma coisa passada. A liberdade só pode vir naturalmente, e não pelo crer, desejar, ansiar por ela. Também, não pode ser encontrada mediante a criação de uma imagem do que pensamos que ela seja. Para encontrar-se com ela, a mente tem de aprender a olhar a vida, esse vasto movimento não sujeito ao tempo, porque a liberdade reside além do campo da consciência.

CAPÍTULO 9

O Tempo — O Sofrimento — A Morte

Sou tentado a repetir a história de um grande discípulo que foi a Deus pedir que lhe ensinasse a verdade. Disse o "pobre" Deus: "Meu amigo, hoje está fazendo muito calor; por favor, vá buscar-me um copo d'água". O discípulo sai e vai bater à porta da primeira casa que encontra e uma linda jovem lhe abre a porta. O discípulo dela se enamora, os dois se casam e têm vários filhos. Então, um dia começa a chover, a chover sem parar. Os rios se engrossam, as ruas se inundam, as casas são arrastadas pelas águas. O discípulo se agarra à mulher, põe sobre os ombros os filhos e, ao sentir-se arrastado pela torrente, brada: "Senhor, imploro-vos que me salveis!" E o Senhor responde: "Que é do copo d'água que lhe pedi?"

É uma história bastante instrutiva, porquanto, em geral, pensamos em termos de tempo. O homem vive do tempo. A invenção do futuro se tornou seu favorito jogo de fuga.

Pensamos que as mudanças em nós mesmos só podem ser efetuadas no tempo, que a ordem só pode ser estabelecida em nós mesmos pouco a pouco, aumentada dia por dia. Mas o tempo não traz a ordem nem a paz, portanto, temos de deixar de pensar em termos de gradualidade. Isso significa que não há um amanhã em que viveremos em paz. Temos de alcançar a ordem imediatamente.

Quando se apresenta um perigo real, o tempo desaparece, não é verdade? A ação é imediata. Mas nós não percebemos que o perigo existe em muitos dos nossos problemas e, por conseguinte, inventamos o tempo como um meio de superá-los. O tempo é um embusteiro, porquanto nada faz para ajudar-nos a promover uma mudança em nós mesmos. O tempo é um movimento que o homem dividiu em passado, presente e futuro. E, enquanto fizer essa divisão, o homem viverá sempre em conflito.

O aprender depende do tempo? Após tantos milhares de anos, ainda não aprendemos que existe uma maneira de vida melhor do que odiarmos e matarmos uns aos outros. Muito importa compreender o problema do tempo, se desejamos uma solução para esta vida que cada um de nós contribui para tornar tão monstruosa e sem significação como é.

A primeira coisa, pois, que se deve compreender é que só podemos olhar o tempo com aquele vigor e aquela inocência da mente, que já estivemos considerando. Vemo-nos confusos a respeito de nossos numerosos problemas, e perdidos no meio dessa confusão. Ora, quando uma pessoa se perde numa floresta, qual a primeira coisa que faz? Pára e olha em torno de si. Mas nós, quanto mais nos vemos confusos e perdidos na vida, tanto mais corremos em todos os sentidos, buscando, indagando, rogando. A primeira coisa que você deve fazer, se me permite uma sugestão, é fazer algo interiormente. E, quando você pára, interiormente, psicologicamente, sua mente se torna muito tranqüila e clara. Você pode então considerar verdadeiramente a questão do tempo.

Os problemas só existem no tempo, isto é, quando nos encontramos com um fato de maneira incompleta. Esse encontro incompleto com o fato cria o problema. Quando enfrentamos um desafio parcial fragmentariamente, ou dele tentamos fugir — isto é, quando o enfrentamos com atenção incompleta — criamos um problema. E o problema continuará existindo enquanto continuarmos a dar-lhe incompleta atenção, enquanto esperarmos resolvê-lo *um dia destes*.

Você sabe o que é o tempo? Não o tempo medido pelo relógio, o tempo cronológico, porém o tempo psicológico? É o intervalo entre a idéia e a ação. Uma idéia visa, naturalmente, à autoproteção: a idéia de estar em segurança. A ação é sempre imediata; não é do passado nem do futuro; o agir deve estar sempre no presente; mas a ação é tão perigosa, tão incerta, que preferimos ajustar-nos a uma idéia que nos promete uma certa segurança.

Olhe isso em você mesmo. Você tem uma idéia do que é certo ou errado, ou um conceito ideológico relativo a você mesmo e à sociedade, e de acordo com essa idéia vai agir. A ação, por conseguinte, ajusta-se àquela idéia, aproxima-se da idéia, e por essa razão existe sempre conflito. Há a idéia, o intervalo e a ação. Nesse intervalo encontra-se todo o campo do tempo. Esse intervalo é, essencialmente, pensamento. Quando você pensa que amanhã será feliz, tem então uma imagem de você mesmo alcançando um certo resultado no tempo. O pensamento, pela observação, pelo desejo, e pela continuidade desse desejo, sustentada por mais pensamento, diz: "Amanhã serei feliz; amanhã terei sucesso; amanhã o mundo será um belo lugar". Dessa maneira, o pensamento cria esse intervalo que é o tempo.

Agora, perguntamos: Pode se deter o tempo? Podemos viver tão completamente que não haja um amanhã para o pensamento pensar nele? Pois o tempo é sofrimento. Isto é, ontem ou há um milhar de "ontens", você amou ou tinha um companheiro que se foi, e essa memória perdura e você fica pensando naquele prazer ou naquela dor; fica olhando para trás e desejando, esperando, lamentando, e, assim, o pensamento, ruminando continuamente aquilo, gera essa coisa que se chama sofrimento e dá continuidade ao tempo.

Enquanto existir esse intervalo de tempo, gerado pelo pensamento, tem de haver sofrimento, tem de haver a continuidade do medo. Assim, perguntamos a nós mesmos: Pode esse intervalo terminar? Se você disser: "Terminará ele algum dia?", isso então já é uma idéia, uma coisa que você deseja conseguir e, por conseguinte, tem um intervalo e de novo você se vê na armadilha.

Agora, considere-se a questão da morte, um problema imenso para a maioria das pessoas. Você conhece a morte, pois a vê todos os dias, andando a seu lado. Será possível encararmos a morte de maneira tão completa, que não façamos dela um problema? Para a encararmos dessa maneira, todas as crenças, todas as esperanças, todos os temores a ela relativos devem acabar, senão você estará encarando essa coisa extraordinária com uma conclusão, uma imagem, com uma ansiedade premeditada e, por conseguinte, a estará encarando com o tempo.

O tempo é o intervalo entre o observador e a coisa observada. Isto é, o observador — você — tem medo de enfrentar essa coisa chamada "morte". Você não sabe o que ela significa; tem esperanças e teorias de toda espécie a respeito dela; crê na reencarnação ou na ressurreição, ou numa certa coisa chamada alma, "atman", uma entidade espiritual, eterna, a que você chama por diferentes nomes. Ora, você já descobriu por si mesmo se existe alguma alma? Ou trata-se de uma idéia que lhe foi dada pela tradição? *Existe* alguma coisa de permanente, de contínuo, além do pensamento? Se o pensamento pode pensar nela, ela se acha no campo do pensamento e, por conseguinte, não pode ser permanente, porque, no campo do pensamento, não existe nada permanente. É de enorme importância descobrir que nada é permanente, porque só então a mente estará livre, só então poder-se-á olhar; e nisso há uma imensa alegria.

Você não pode ter medo do desconhecido, pois não sabe o que ele é e, portanto, não há nada que temer. A morte é uma palavra, e é a palavra, a imagem que cria o medo. Assim, você pode olhar a morte sem a imagem da morte? Enquanto existir a imagem, que dá origem ao pensamento, o pensamento haverá sempre de criar medo. Você trata então de racionalizar o seu medo da morte e de levantar uma resistência contra o inevitável, ou inventa inumeráveis crenças para se proteger do medo da morte. Há, portanto, um vão entre você e a coisa de que tem medo. Nesse intervalo de espaço-tempo tem de haver conflito, ou seja, medo, ansiedade, autocompaixão. O pensamento, que gera o medo da morte, diz: "Adie a morte, evite-a, mantenha-a o mais distante possível, não pense nela" — mas você *está* pensando nela. Ao dizer "Não quero pensar nela", você já pensou numa maneira de evitá-la. Você tem medo da morte, porque a tem adiado.

Separamos o viver do morrer, e o intervalo entre o viver e o morrer é — medo. Esse intervalo, esse tempo, é criado pelo medo. Viver é nossa tortura diária — insultos, sofrimentos, confusão, e, ocasionalmente, uma janela aberta nos mostra mares encantados. É a isso que chamamos "viver", e temos medo de morrer, que é o fim dessa aflição. Preferimos aferrar-nos ao conhecido a enfrentar o desconhecido — o conhecido, que é a nossa casa, nossos móveis, nossa família, nosso caráter, nosso trabalho, nossos conhecimentos, nossa fama, nossa solidão, nossos deuses — essa coisa insignificante que incessantemente gravita em torno de si própria, com seu limitado padrão de amargurada existência.

Pensamos que o viver está sempre no presente e que o morrer é algo que nos aguarda num tempo distante. Mas nunca indagamos se essa batalha da vida diária é de fato *viver*. Queremos saber a verdade a respeito da reencarnação, desejamos provas da sobrevivência da alma, prestamos ouvidos às asserções dos clarividentes e às conclusões das pesquisas psíquicas, porém nunca perguntamos, *nunca* perguntamos *como* viver — viver com deleite, com encantamento, com a beleza, todos os dias. Aceitamos a vida tal qual é, com toda a sua agonia e desespero, com ela nos acostumamos, e pensamos na morte como uma coisa que devemos diligentemente evitar. Mas a morte se assemelha extraordinariamente à vida, quando sabemos viver. Você não pode viver sem morrer. Isso não é um paradoxo intelectual. Para se viver completamente, totalmente, de modo que cada dia seja uma nova beleza, tem-se de morrer para todas as coisas de ontem, pois, do contrário, viveremos mecanicamente, e uma mente mecânica jamais saberá o que é o amor ou o que é a liberdade.

Em geral tememos a morte, porque não sabemos o que significa viver. Não sabemos viver, e por isso não sabemos morrer. Enquanto tivermos medo da vida, teremos medo da morte. O homem que não teme a vida não teme a insegurança, porque compreende que, interiormente, psicologicamente, não existe segurança nenhuma. Quando não há segurança, há um movimento infinito, e então a vida e a morte são uma coisa só. O homem que vive sem conflito, que vive com a beleza e o amor, não teme a morte, porque amar é morrer.

Se você morrer para tudo o que conhece, inclusive sua família, sua memória, tudo o que sente, a morte é então uma purificação, um processo de rejuvenescimento; traz então a morte a inocência, e só os inocentes são apaixonados, e não aqueles que crêem e que desejam descobrir o que acontece após a morte.

Para descobrir o que realmente acontece quando se morre, você tem de morrer. Isso não é pilhéria. Você tem de morrer, não fisicamente, mas psicologicamente, interiormente, morrer para as coisas que lhe são caras e para as coisas que lhe amarguram. Se morrer para cada um dos seus prazeres, tanto os insignificantes como os mais importantes, sem nenhuma compulsão ou discussão, você então saberá o que significa morrer. Morrer é ter uma mente completamente vazia de si mesma, vazia de seus diários anseios, prazeres e agonias. A morte é uma renovação, uma mutação, em que o pensamento não funciona, porque o pensamento é coisa velha. Quando há a morte, há uma coisa totalmente nova. Estar livre do conhecimento é morrer; e, então, você estará vivendo!

CAPÍTULO 10

O Amor

A necessidade de segurança nas relações gera inevitavelmente o sofrimento e o medo. Essa busca de segurança atrai a insegurança. Você já encontrou alguma vez segurança em alguma de suas relações? Já? A maioria de nós quer a segurança no amar e no ser amado, mas existirá amor quando cada um está buscando a própria segurança, seu caminho próprio? Nós não somos amados porque não sabemos amar.

Que é o amor? Essa palavra está tão carregada e corrompida, que quase não tenho vontade de empregá-la. Todo mundo fala de amor — toda revista e jornal e todo missionário discorre interminavelmente sobre o amor. Amo a minha pátria, amo o meu rei, amo um certo livro, amo aquela montanha, amo o prazer, amo minha esposa, amo a Deus. O amor é uma idéia? Se é, pode então ser cultivado, nutrido, conservado com carinho, moldado, torcido de todas as maneiras possíveis. Quando você diz que ama a Deus, o que significa isso? Significa que ama uma projeção de sua própria imaginação, uma projeção de você mesmo, revestida de certas formas de respeitabilidade, conforme o que você pensa ser nobre e sagrado; o dizer "Amo a Deus" é puro contra-senso. Quando adora a Deus, você está adorando a si mesmo; e isso não é amor.

Incapazes, que somos, de compreender essa coisa humana chamada amor, fugimos para abstrações. O amor pode ser a solução final de todas as dificuldades, problemas e aflições humanas. Assim, como iremos descobrir o que é o amor? Pela simples definição? A Igreja o tem definido de uma maneira, a sociedade de outra, e há também desvios e perversões de toda espécie. A adoração de uma certa pessoa, o amor carnal, a troca de emoções, o companheirismo — será isso o que se entende por amor? Essa foi sempre a norma, o padrão, que se tornou tão pessoal, sensual, limitado, que as religiões declararam que o amor é muito mais do que isso. Naquilo que denominam "amor humano", vêem elas que existe prazer, competição, ciúme, desejo de possuir, de conservar, de controlar, de influir no pensar de outrem e, sabendo da complexidade dessas coisas, dizem as religiões que deve haver outra espécie de amor — divino, belo, imaculado, incorruptível.

Em todo o mundo, certos homens chamados "santos" sempre sustentaram que olhar para uma mulher é pecaminoso; dizem que não podemos nos aproximar de Deus se nos entregamos ao sexo e, por conseguinte, o negam, embora eles próprios se vejam devorados por ele. Mas, negando o sexo, esses homens arrancam os próprios olhos, decepam a própria língua, uma vez que estão negando toda a beleza da Terra. Deixaram famintos os seus corações e a sua mente; são entes humanos "desidratados"; baniram a beleza, porque a beleza está ligada à mulher.

Pode o amor ser dividido em sagrado e profano, humano e divino, ou só há *amor*? O amor é para um só e não para muitos? Se digo "Te amo", isso exclui o amor por outro? O amor é pessoal ou impessoal? Moral ou imoral? Familial ou não familial? Se ama a humanidade, você pode amar o indivíduo? O amor é sentimento? Emoção? O amor é prazer e desejo? Todas essas perguntas indicam — não é verdade? — que temos idéias a respeito do amor, idéias sobre o que ele deve ou não deve ser, um padrão, um código criado pela cultura em que vivemos.

Assim, para examinarmos a questão do amor — o que é o amor — devemos primeiramente libertar-nos das incrustações dos séculos, lançar fora todos os ideais e ideologias sobre o que ele deve ou não deve ser. Dividir qualquer coisa em o que deveria ser e o que é, é a maneira mais ilusória de enfrentar a vida.

Ora, como iremos saber o que é essa chama que denominamos amor — não a maneira de expressá-lo a outrem, porém o que ele próprio significa? Em primeiro lugar, rejeitarei tudo o que a Igreja, a sociedade, meus pais e amigos, todas as pessoas e todos os livros disseram a seu respeito, porque desejo descobrir por mim mesmo o que ele é. Eis um problema imenso, que interessa a toda a humanidade; há milhares de maneiras de defini-lo e eu próprio me vejo todo enredado neste ou naquele padrão, conforme a coisa que, no momento, me dá gosto ou prazer. Por conseguinte, para compreender o amor, não devo em primeiro lugar libertar-me de minhas inclinações e preconceitos? Vejo-me confuso, dilacerado pelos meus próprios desejos e, assim, digo para mim mesmo: "Primeiro, acabe com a sua confusão. Talvez você tenha possibilidade de descobrir o que é o amor através do que ele não é".

O governo ordena: "Vá e mate, por amor à pátria!" Isso é amor? A religião preceitua: "Abandone o sexo, pelo amor de Deus". Isso é amor? O amor é desejo? Não diga que não. Para a maioria de nós, é: desejo acompanhado de prazer, prazer derivado dos sentidos, pelo apego e o preenchimento sexual. Não sou contrário ao sexo, mas veja o que ele implica. O que o sexo lhe dá momentaneamente é o total abandono de si mesmo, mas, depois, você volta à sua agitação; por conseguinte, deseja a constante repetição desse estado livre de preocupação, de problema, do "eu". Você diz que ama sua esposa. Nesse amor está implicado o prazer sexual, o prazer de ter uma pessoa em casa para cuidar dos filhos e cozinhar. Você depende dela; ela lhe deu o seu corpo, suas emoções, seus incentivos, um certo sentimento de segurança e bem-estar. Um dia, ela o abandona; aborrece-se ou foge com outro homem, e eis destruído todo o seu equilíbrio emocional; essa perturbação, de que você não gosta, chama-se ciúme. Nele existe sofrimento, ansiedade, ódio e violência. Por conseguinte, o que realmente você está dizendo é: "Enquanto me pertence, eu a amo; mas, tão logo deixa de pertencer-me, começo a odiá-la. Enquanto posso contar com você para a satisfação de minhas necessidades sociais e outras, eu a amo, mas tão logo deixa de atender a minhas necessidades, não gosto mais de você". Há, pois, antagonismo entre ambos, há separação e, se vocês se sentem separados um do outro, não há amor. Mas, se puder viver com sua esposa sem que o pensamento crie todos esses estados contraditórios, essas intermináveis contendas dentro de você mesmo, talvez então — *talvez* — você saberá o que é o amor. Você será então completamente livre, e ela também; ao passo que, se dela depender para os seus prazeres, você será seu escravo. Portanto, quando uma pessoa ama, deve haver liberdade — a pessoa deve estar livre, não só da outra, mas também de si própria.

No estado de pertencer a outro, de ser psicologicamente nutrido por outro, de outro depender — em tudo isso existe sempre, necessariamente, a ansiedade, o medo, o ciúme, a culpa e, enquanto existe medo, não existe amor. A mente que se acha nas garras do sofrimento jamais conhecerá o amor; o sentimentalismo e a emotividade nada, absolutamente nada, têm a ver com o amor. Por conseguinte, o amor nada tem em comum com o prazer e o desejo.

O amor não é produto do pensamento, que é passado. O pensamento não pode de modo nenhum cultivar o amor. O amor não se deixa cercar e enredar pelo ciúme; porque o ciúme vem do passado. O amor é sempre o presente ativo. Não é "amarei" ou "amei". Se conhece o amor, você não seguirá ninguém. O amor não obedece. Quando se ama, não há respeito nem desrespeito.

Você não sabe o que significa amar realmente alguém? Amar sem ódio, sem ciúme, sem raiva, sem procurar interferir no que o outro faz ou pensa, sem condenar, sem comparar —, não sabe o que isso significa? Quando há amor, há comparação? Quando você ama alguém de todo o coração, com toda a sua mente, todo o seu corpo, todo o seu ser, existe comparação? Quando você se abandona completamente a esse amor, não existe "o outro".

O amor tem responsabilidades e deveres, e emprega tais palavras? Quando você faz alguma coisa por dever, há nisso amor? No dever não há amor. A estrutura do dever, na qual o ente humano se vê aprisionado, o está destruindo. Enquanto você é obrigado a fazer uma coisa, porque é seu dever fazê-la, não ama a coisa que está fazendo. Quando há amor, não há dever nem responsabilidade.

A maioria dos pais, infelizmente, acha que são responsáveis pelos filhos, e seu senso de responsabilidade toma a forma de preceituar-lhes o que devem fazer e o que não devem fazer, o que devem ser e o que não devem ser. Querem que os filhos conquistem uma posição segura na sociedade. Aquilo a que chamam responsabilidade faz parte daquela respeitabilidade que eles cultivam; e a mim me parece que, onde há respeitabilidade, não existe ordem; só lhes interessa o tornar-se um perfeito burguês. Preparando os filhos para se adaptarem à sociedade, estão perpetuando a guerra, o conflito e a brutalidade. Pode-se chamar a isso zelo e amor?

Zelar, com efeito, é cuidar como se cuida de uma árvore ou de uma planta, regando-a, estudando as suas necessidades, escolhendo o solo mais adequado, tratando-a com carinho e ternura; quando prepara os seus filhos para se adaptarem à sociedade, você os está preparando para serem mortos. Se amasse seus filhos, não haveria guerras.

Quando perde alguém que ama, você verte lágrimas; essas lágrimas são por você mesmo ou pelo morto? Está pranteando a você mesmo ou ao outro? Você já chorou por alguém? Já chorou o seu filho, morto no campo de batalha? Chorou, decerto, mas essas lágrimas foram produto da autocompaixão ou você chorou porque um ente humano foi morto? Se chorou por autocompaixão, suas lágrimas nada significam, porque você está interessado em si mesmo. Se você chora porque lhe foi arrebatada uma pessoa em quem você "depositou" muita afeição, não se trata de uma afeição real. Se chora a morte de seu irmão, chore *por ele*! É muito fácil chorar por si mesmo porque ele partiu. Aparentemente, você chora porque seu coração foi atingido, mas não foi por causa dele; foi atingido pela autocompaixão, e a autocompaixão o endurece, o fecha, o torna embotado e estúpido.

Quando você chora por si mesmo, será isso amor? Chorar porque ficou sozinho, porque perdeu o seu poder; queixar-se da sua triste sina, do seu ambiente — sempre *você* a verter lágrimas. Se você compreender esse fato, e isso significa pôr-se em contato com ele tão diretamente como quando toca uma árvore ou uma coluna ou uma mão, você verá então que o sofrimento é produto do "eu", o sofrimento é criado pelo pensamento, o sofrimento é produto do tempo. Há três anos eu tinha meu irmão; hoje ele está morto e estou sozinho, desolado, não tenho mais a quem recorrer para ter conforto ou companhia, e isso me traz lágrimas aos olhos.

Você pode ver tudo isso acontecer dentro de si mesmo, se observar. Pode ver de maneira plena, completa, num relance, sem precisar do tempo analítico. Pode ver num momento toda a estrutura e natureza dessa coisa sem valor e insignificante, chamada "eu" — minhas lágrimas, minha família, minha nação, minha crença, minha religião — toda essa fealdade está em você. Quando a enxergar com seu coração, e não com sua mente, quando a enxergar do fundo do seu coração, você terá então a chave que acabará com o sofrimento.

O sofrimento e o amor não podem coexistir, mas no mundo cristão idealizaram o sofrimento, crucificaram-no para adorá-lo, dando a entender que ninguém pode escapar ao sofrimento a não ser por aquela única porta; tal é a estrutura de uma sociedade religiosa, exploradora.

Assim, ao perguntar o que é o amor, você pode ter muito medo de ver a resposta. Ela pode significar uma completa reviravolta; poderá dissolver a família; você pode descobrir que não ama sua esposa ou marido ou filhos (você os ama?); você pode ter de demolir a casa que construiu; pode nunca mais voltar ao templo.

Mas, se deseja continuar a descobrir, você verá que o medo não é amor, a dependência não é amor, o ciúme não é amor, a posse e o domínio não são amor, responsabilidade e dever não são amor, autocompaixão não é amor, a agonia de não ser amado não é amor, que o amor não é o oposto do ódio, como também a humildade não é o oposto da vaidade. Desse modo, se você for capaz de eliminar tudo isso, não à força, porém lavando-o assim como a chuva fina lava a poeira de muitos dias depositada numa folha, então talvez você encontrará aquela flor peregrina que o homem sempre buscou sequiosamente.

Se você não tem amor — não em pequenas gotas, mas em abundância; se não está transbordando de amor, o mundo irá ao desastre. Intelectualmente, você sabe que a unidade humana é a coisa essencial e que o amor constitui o único caminho para ela, mas quem pode ensiná-lo a amar? Poderá uma autoridade, um método, um sistema ensiná-lo a amar? Se alguém o ensina, isso não é amor. Você pode dizer: "Eu me exercitarei para o amor. Vou me sentar todos os dias para refletir sobre ele. Vou me exercitar para ser bondoso, delicado e me forçarei a ser atencioso com os outros"? — Acha que pode disciplinar-se para amar, que pode exercer a vontade para amar? Quando você exerce a vontade e a disciplina para amar, o amor foge pela janela. Pela prática de um certo método ou sistema de amar, você pode tornar-se muito hábil, ou mais bondoso, ou entrar num estado de não-violência, mas nada disso tem algo em comum com o amor.

Neste mundo tão dividido e árido não há amor, porque o prazer e o desejo têm a máxima importância, e, todavia, sem amor, sua vida diária é sem significação. Você também não pode ter o amor se não tem a beleza. A beleza não é uma certa coisa que você vê — não é uma bela árvore, um belo quadro, um belo edifício ou uma bela mulher; só há beleza quando o seu coração e a sua mente sabem o que é o amor. Sem o amor e aquele percebimento da beleza, não há virtude, e você sabe muito bem que tudo o que fizer — melhorar a sociedade, alimentar os pobres — só criará mais malefício, porque, quando não há amor, só há fealdade e pobreza em seu coração e em sua mente. Mas, quando há amor e beleza, tudo o que se faz é correto, tudo o que se faz é ordem. Se sabe amar, você pode fazer o que desejar, porque o amor resolverá todos os outros problemas.

Alcançamos, assim, este ponto: Poderá a mente encontrar o amor sem precisar de disciplina, de pensamento, de coerção, de nenhum livro, instrutor ou guia — encontrá-lo assim como se encontra um belo pôr-do-sol?

Uma coisa me parece absolutamente necessária: a paixão sem motivo, a paixão não resultante de compromisso ou ajustamento, a paixão que não é lascívia. O homem que não sabe o que é paixão jamais conhecerá o amor, porque o amor só pode existir quando a pessoa se desprende totalmente de si própria.

A mente que busca não é uma mente apaixonada, e não buscar o amor é a única maneira de encontrá-lo; encontrá-lo inesperadamente e não como resultado de qualquer esforço ou experiência. Esse amor, como você verá, não é do tempo; ele é tanto pessoal como impessoal, tanto um só como multidão. Como uma flor perfumada, você pode aspirar-lhe o perfume ou passar por ele sem o notar. Essa flor é para todos e para aquele que se curva para aspirá-la profundamente e olhá-la com deleite. Quer estejamos muito perto, no jardim, quer muito longe, isso é indiferente à flor, porque ela está cheia de seu perfume e pronta a reparti-lo com todos.

O amor é uma coisa nova, fresca, viva. Não tem ontem nem amanhã. Está além da confusão do pensamento. Só a mente inocente sabe o que é o amor, e a mente inocente pode viver no mundo não-inocente. Só é possível encontrá-la, essa coisa maravilhosa que o homem sempre buscou sequiosamente por meio de sacrifícios, de adoração, das relações, do sexo, de toda espécie de prazer e de dor, só é possível encontrá-la quando o pensamento, alcançando a compreensão de si próprio, termina naturalmente. O amor não conhece oposto, não conhece conflito.

Você pode perguntar: "Se encontro esse amor, que será de minha mulher, de minha família? Eles precisam de segurança". Fazendo essa pergunta, você mostra que nunca esteve fora do campo do pensamento, fora do campo da consciência. Quando tiver alguma vez estado fora desse campo, não fará mais uma tal pergunta, porque saberá o que é o amor em que não há pensamento e, por conseguinte, não há tempo. Você pode ler tudo isso hipnotizado e encantado, mas ultrapassar realmente o pensamento e o tempo — o que significa transcender o sofrimento — é estar cônscio de uma dimensão diferente, chamada "amor".

Mas você não sabe como chegar nessa fonte maravilhosa — e, assim, o que faz? Quando não sabe o que fazer, você nada faz, não é verdade? Nada, absolutamente. Então, interiormente, está completamente em silêncio. Compreende o que isso significa? Significa que não está buscando, nem desejando, nem perseguindo; não existe centro nenhum. Há, então, o amor.

CAPÍTULO 11

Observar e Ouvir — A Arte — A Beleza — A Austeridade — As Imagens — Os Problemas — O Espaço

Acabamos de investigar a natureza do amor e alcançamos, creio, um ponto que requer maior penetração, maior percebimento. Descobrimos que, para a maioria, amor significa conforto, segurança, uma garantia de satisfação emocional, contínua, para o resto da vida. Chega então uma pessoa como eu e diz: "Será isso realmente amor?", e contesta você, e lhe pede que olhe para dentro de si mesmo. Você procura não olhar, porque isso é muito perturbador; seria preferível discutir sobre a alma ou a situação política ou econômica. Mas, quando se vê encostado a um canto e obrigado a olhar, você percebe que isso que sempre pensou ser amor não é, de forma nenhuma, amor; é uma satisfação mútua, mútua exploração.

Quando digo: "O amor não tem amanhã nem ontem" ou "não existindo centro algum, então há amor", isso tem realidade para mim, mas não para você. Você pode citá-lo e convertê-lo numa fórmula, mas sem qualquer validade. Você tem de ver o fato por si mesmo, e, para tanto, necessita-se de liberdade para olhar, precisa-se estar livre de toda condenação, de todo juízo, de toda aquiescência ou discordância.

Ora, olhar é uma das coisas mais difíceis da vida — ou ouvir — olhar e ouvir são a mesma coisa. Se seus olhos estão obcecados por suas inquietações, você não pode ver a beleza do pôr-do-sol. A maioria de nós perdeu o contato com a natureza. A civilização tende muito à formação de grandes cidades; estamos nos tornando cada vez mais gente urbana, vivendo em apartamentos apertados, e tendo muito pouco espaço mesmo para olhar o céu da tarde e da manhã e, por conseguinte, estamos perdendo o contato com a beleza. Não sei se você já notou quão poucos dentre nós olham o nascer ou o pôr-do-sol, ou o luar ou os reflexos da luz na água.

Tendo perdido o contato com a natureza, tendemos naturalmente a desenvolver as aptidões intelectuais. Lemos um grande número de livros, freqüentamos muitos museus e concertos, vemos televisão e temos outros mais entretenimentos. Citamos interminavelmente as idéias de outrem, muito pensamos e falamos sobre arte. Por que razão dependemos tanto da arte? Constitui ela uma forma de fuga, de estímulo? Se você está diretamente em contato com a natureza; se observa o movimento de uma ave a voar, se vê a beleza de cada movimento das nuvens, observa as sombras nos montes ou a beleza manifestada no rosto de outra pessoa, acha que terá vontade de ir a um museu para ver quadros? Talvez, porque você não sabe olhar todas as coisas que o circundam; talvez seja por essa razão que recorre a uma certa droga, para estimular-se a ver melhor.

Conta-se uma história acerca de um instrutor religioso que todas as manhãs falava aos seus discípulos. Uma certa manhã, subiu ao palanque e, justamente quando ia começar a falar, um passarinho pousou no peitoril de uma janela e começou a cantar, a cantar, com toda a alma. Depois calou-se e foi-se, voando. Disse então o instrutor: "Está terminado o sermão desta manhã".

Parece-me que uma das nossas maiores dificuldades é ver, por nós mesmos, com toda clareza, não só as coisas exteriores, mas também a vida interior. Quando dizemos que vemos uma árvore ou uma flor ou uma pessoa, vemo-la realmente? Ou vemos meramente a imagem que a palavra criou? Isto é, quando olha uma árvore ou uma nuvem, numa tarde luminosa, você a vê realmente, não só com seus olhos e intelectualmente, porém totalmente, completamente?

Você já experimentou alguma vez olhar uma coisa objetiva, uma árvore, por exemplo, sem nenhuma das associações, nenhum dos conhecimentos que a respeito dela adquiriu, sem nenhum preconceito, nenhum juízo, nenhuma palavra a constituir uma cortina entre você e a árvore, e impedindo-o de vê-la tal qual é realmente? Experimente, para ver o que realmente acontece, quando observa a árvore com todo o seu ser, com a totalidade da sua energia. Nessa intensidade, você verá que não há observador nenhum; só há atenção. Só quando há desatenção existe "observador e coisa observada". Quando você está olhando com atenção completa, não há espaço para nenhum conceito, fórmula, lembrança. Importa compreender isso, porque vamos examinar um assunto que requer uma cuidadosa investigação.

Só a mente que olha as árvores ou as estrelas com total abandono de si própria, só essa mente sabe o que é a beleza e, quando estamos realmente *vendo*, achamo-nos num estado de amor. Em geral, conhecemos a beleza pela comparação ou por meio das criações do homem, o que significa que atribuímos beleza a um certo objeto. Vejo aquilo que considero um belo edifício e aprecio essa beleza por causa do meu conhecimento de arquitetura e pela comparação com outros edifícios que vi. Mas agora pergunto a mim mesmo: "Existe beleza sem objeto?" Quando há um observador, ou seja, o censor, o experimentador, o pensador, não há beleza, porque a beleza é então algo exterior, algo que o observador olha e julga; mas, quando não há observador — e isso requer muita meditação, investigação — há então a beleza sem objeto.

A beleza reside no total abandono do observador e da coisa observada, e só pode haver auto-abandono quando há austeridade total, não a austeridade do sacerdote, com sua rudeza, suas sanções, regras e obediência; não a austeridade no vestir, nas idéias, no alimentar-se, no comportamento — porém a austeridade que consiste em ser totalmente simples, que é a humildade completa. Não há então realização, não há escada para galgar, só há o primeiro lugar, e o primeiro degrau é o degrau eterno.

Suponhamos, por exemplo, que você esteja passeando a sós ou com alguém, e você se cale. Está rodeado pela natureza e não se ouve o latido de um cão, o barulho de um carro que passa, nem mesmo o ruflar das asas de um pássaro. Você está em completo silêncio, e silenciosa também está a natureza circundante. Nesse estado de silêncio existente tanto no observador como na coisa observada — quando o observador não está traduzindo em pensamento o que está vendo — nesse silêncio há uma diferente qualidade de beleza. Não existe nem a natureza nem o observador. O que existe é um estado em que a mente está total e completamente só; *só* — não isolada —, só em sua quietude, e essa quietude é beleza. Quando você ama, existe algum observador? Só há observador quando o amor é desejo e prazer. Quando o desejo e o prazer não estão relacionados com o amor, então o amor é intenso. Como a beleza, ele é uma coisa totalmente nova em cada dia. Como já disse, ele não tem nem ontem nem amanhã.

É só quando vemos sem nenhum preconceito, nenhuma imagem, que somos capazes de estar em contato direto com alguma coisa na vida. Todas as nossas relações baseiam-se, com efeito, em imagens formadas pelo pensamento. Se tenho uma imagem a respeito de você, e você tem uma imagem a respeito de mim, naturalmente não nos vemos um ao outro como realmente somos. O que vemos são as imagens que formamos um do outro, as quais nos impedem o contato, e é por essa razão que nosso relacionamento não funciona bem.

Quando digo que eu o conheço, quero dizer que o conheci ontem. Eu não o conheço realmente, *agora*. O que conheço é só a imagem que tenho de você. Essa imagem é constituída pelo que você disse em meu louvor ou para me insultar, pelo que você me fez; é constituída de todas as lembranças que tenho de você; e sua imagem relativa a mim é constituída da mesma maneira, e são essas imagens que estão em relação e nos impedem de comungar realmente um com o outro.

Duas pessoas que viveram em comum por muito tempo têm imagens uma da outra, que as impedem de estar em relação. Se compreendemos as relações, podemos cooperar, mas não há possibilidade de cooperação por meio de imagens, de símbolos, de conceitos, ideologias. Só quando compreendemos a verdadeira e mútua relação entre nós, há possibilidade de amor, mas o amor é negado quando temos imagens. Por conseguinte, é importante que você compreenda, não intelectualmente, porém *realmente*, em sua vida diária, como você forma imagens a respeito da sua esposa, do seu marido, do seu vizinho, do seu filho, da sua pátria, dos seus políticos, dos seus deuses; nada mais você tem senão imagens.

Essas imagens criam o espaço entre você e aquilo que observa, e nesse espaço há conflito. Vamos, pois, agora descobrir juntos se é possível nos livrarmos do espaço que criamos, não só fora de nós, mas também dentro de nós mesmos, o espaço que separa as pessoas em todas as suas relações.

Ora, a própria atenção que você dá a um problema constitui a energia que resolve o problema. Quando dispensa toda a atenção — quer dizer, tudo o que tem — não existe observador nenhum. Há só o estado de atenção, que é energia total, e essa energia total é a forma mais elevada de inteligência. Naturalmente, esse estado da mente deve ser todo de silêncio; e esse silêncio, essa quietude, surge quando há atenção total, e não quietude disciplinada. Esse completo silêncio em que não há observador nem coisa observada é a mais alta forma de uma mente religiosa. Mas o que sucede, nesse estado, não pode ser expresso em palavras, porque o que sei por meio de palavras não é o fato. Para descobrir por si mesmo, você tem de passar por esse estado.

Cada problema está relacionado com todos os outros problemas e, assim sendo, se puder resolver um só problema completamente — não importa qual seja —, você verá que será capaz de enfrentar e resolver facilmente todos os demais. Naturalmente, estamos falando de problemas psicológicos. Já vimos que um problema só pode existir no tempo, isto é, quando enfrentamos uma dada situação incompletamente. Assim, não só temos de estar conscientes da natureza e estrutura do problema e vê-lo totalmente, mas também devemos enfrentá-lo tão logo surge e resolvê-lo imediatamente, para que não possa enraizar-se na mente. Se deixamos um problema durar um mês, um dia, ou mesmo alguns minutos, ele deforma a mente. Assim, será possível enfrentarmos imediatamente um problema, sem nenhuma deformação, e nos livrarmos dele imediata e completamente, sem que fique, na mente, nenhuma memória, nenhuma arranhadura? Essas memórias são as imagens que levamos conosco e são essas imagens que enfrentam essa coisa portentosa que é a vida e, por conseguinte, há contradição e, daí, conflito. A vida é muito real; não é uma abstração; e, quando a enfrentamos com imagens, surgem problemas.

Será possível enfrentar cada caso que surge, sem esse intervalo de espaço-tempo, sem esse vão entre a própria pessoa e aquilo de que ela tem medo? Só é possível quando o observador não tem continuidade, o observador, que é o formador da imagem, o observador que é uma coleção de memórias e idéias, um feixe de abstrações.

Quando olha as estrelas, existe *você*, que está olhando as estrelas; o céu está todo inundado do brilho das estrelas, o ar é fresco, e lá está você, o observador, o experimentador, o pensador, você, com seu coração dolorido, você, o centro, criando espaço. Você jamais compreenderá nada acerca do espaço existente entre você e as estrelas, entre você e sua esposa ou marido ou amigo, porque nunca os olhou sem a imagem, e essa é a razão por que você não sabe o que é a beleza ou o que é o amor. Você fala sobre eles, escreve a seu respeito, mas jamais os conheceu, a não ser, talvez, em raros intervalos de total abandono de você mesmo. Enquanto existir um centro criando espaço em torno de você, não haverá amor nem beleza. Não havendo nenhum centro e nenhuma circunferência, então há amor. E quando ama, você *é* beleza.

Ao olhar um rosto à sua frente, você está olhando de um centro, e esse centro cria o espaço entre as pessoas, e é por isso que a nossa vida é tão vazia e insensível. Você não pode cultivar o amor ou a beleza e tampouco pode inventar a verdade; mas, se estiver sempre consciente do que está fazendo, você pode cultivar o percebimento e, graças a esse percebimento, começará a ver a natureza do prazer, do desejo e do sofrimento, e a total solidão e tédio em que vive o homem; começará então a descobrir aquela coisa chamada "espaço".

Havendo espaço entre você e o objeto que está observando, você saberá que não há amor e, sem o amor, por mais que você se esforce para reformar o mundo ou criar uma nova ordem social, ou por mais que discurse a respeito de melhorias, você só criará agonia. Portanto, tudo depende de você. Não há líder, não há instrutor, não há ninguém que possa ensinar-lhe o que deve fazer. Você está *só* neste mundo insano e brutal.

CAPÍTULO 12

O Observador e a Coisa Observada

Tenha a bondade de continuar a acompanhar-me um pouco mais. Esta matéria poderá ser um tanto complexa e sutil, mas, por favor, continue comigo a investigá-la.

Pois bem; quando formo uma imagem a respeito de você ou de qualquer coisa, tenho a possibilidade de observar essa imagem e, assim, há a imagem e o observador da imagem. Vejo uma pessoa, suponhamos, de camisa vermelha, e minha reação imediata é de gostar ou não gostar dessa camisa. O gostar ou não gostar é resultado da minha cultura, da minha educação, das minhas relações, minhas inclinações, minhas características adquiridas ou herdadas. É desse centro que eu observo e faço meu julgamento, e, assim, o observador está separado da coisa que observa.

Porém, o observador está percebendo mais do que uma só imagem; ele cria milhares de imagens. Ora, o observador difere dessas imagens? Não é ele apenas outra imagem? Está sempre acrescentando ou subtraindo alguma coisa do que ele próprio é; ele é uma coisa viva, o tempo todo ocupada em pesar, comparar, julgar, modificar, mudar, em virtude de pressões do exterior e do interior; vive no campo da consciência, que são seus próprios conhecimentos, as influências e avaliações inumeráveis. Ao mesmo tempo que olha o observador, que é você mesmo, você vê que ele é constituído de memórias, experiências, acidentes, influências, tradições e infinitas variedades de sofrimento, sendo tudo isso o passado. Assim, o observador é tanto o passado como o presente, e o amanhã o aguarda e faz também parte dele. Ele está meio vivo, meio morto, e com essa morte e vida é que observa. Nesse estado mental, situado no campo do tempo, você (o observador) olha o medo, o ciúme, a guerra, a família (a entidade feia e fechada chamada família), e procura resolver o problema da coisa observada, a qual é o desafio, o novo; você está sempre traduzindo o novo nos termos do velho e, por conseguinte, vive num conflito perpétuo.

Uma imagem, na qualidade de observador, observa dúzias de outras imagens, ao redor e dentro de si mesmo, e o observador diz: "Gosto dessa imagem, vou conservá-la", ou "Não gosto dessa imagem e, portanto, vou livrar-me dela" — mas o próprio observador foi formado pelas várias imagens, nascidas da reação a várias outras imagens. Assim sendo, alcançamos um ponto em que podemos dizer: O observador é também imagens, porém separa a si próprio para observar. Esse observador, que se tornou existente por causa de várias outras imagens, julga-se permanente, e entre si próprio e as demais imagens criou uma separação, um intervalo de tempo. Isso gera conflito entre ele e as imagens que ele crê serem a causa de suas tribulações. Diz, então: "Preciso livrar-me desse conflito", mas o próprio desejo de livrar-se do conflito cria outra imagem.

O percebimento de tudo isso, que é a verdadeira meditação, revela haver uma imagem central, formada por todas as outras imagens, e essa imagem central — o observador — é o censor, o experimentador, o avaliador, o juiz que deseja conquistar ou subjugar as outras imagens ou destruí-las de todo. As outras imagens resultam dos juízos, opiniões e conclusões do observador, e o observador é o resultado de todas as outras imagens — portanto, o observador *é* a coisa observada.

Assim, o percebimento revela os diferentes estados da mente; revela as várias imagens e a contradição existentes entre elas; revela o conflito daí resultante e o desespero por não se poder fazer coisa alguma em relação ao conflito, e as diferentes tentativas de fugir dele. Tudo isso foi revelado pela vigilância cautelosa, hesitante, e percebe-se, então, que o observador *é* a coisa observada. Não é uma entidade superior que se torna consciente dessas coisas, não é um "eu" superior (a entidade superior, o *eu* superior são meras invenções, outras tantas imagens); o próprio percebimento revelou que o observador é a coisa observada.

Se você faz a si mesmo uma pergunta, quem é a entidade que vai receber a resposta? E quem é a entidade que vai investigar? Se essa entidade faz parte da consciência, se faz parte do pensamento, nesse caso ela é incapaz de descobrir a resposta. O que pode descobrir é apenas um estado de percebimento. Mas, se nesse estado de percebimento continua a existir uma entidade que diz: "Preciso estar consciente, preciso praticar o percebimento" — essa entidade, por sua vez, é mais uma imagem.

Esse percebimento de que o observador é a coisa observada não é um processo de identificação com a coisa observada. Identificar-nos com uma dada coisa é relativamente fácil. A maioria de nós se identifica com alguma coisa: com a família, o marido, a esposa, a nação; e essa identificação leva a grandes aflições e a grandes guerras. Estamos considerando uma coisa inteiramente diferente, que não devemos compreender verbalmente, porém no âmago, na raiz mesmo do nosso ser. Na China antiga, um artista, antes de começar a pintar qualquer coisa — uma árvore, por exemplo — ficava sentado diante dela durante dias, meses, anos (não importa quanto tempo) até ele próprio *ser* a árvore. Ele não se identificava com a árvore, mas era a árvore. Isso significa que não havia espaço entre ele e a árvore, não havia espaço entre o observador e a coisa observada, não havia um experimentador a experimentar a beleza, o movimento, o matiz, a intensidade de uma folha, a "qualidade" da cor. Ele era totalmente a árvore, e só nesse estado podia pintá-la.

Qualquer movimento por parte do observador, se ele não percebeu que o observador é a coisa observada, só cria outra série de imagens e, mais uma vez, nelas se vê enredado. Mas o que sucede quando o observador percebe que o observador é a coisa observada? Vá devagar, bem devagar, pois estamos examinando uma coisa muito complexa. O que sucede? O observador não age. O observador sempre disse: "Tenho de fazer algo em relação a essas imagens; devo recalcá-las ou dar-lhes uma forma diferente"; está sempre ativo em relação à coisa observada, agindo e reagindo, apaixonada ou indiferentemente, e essa ação de gostar e não gostar, por parte do observador, é chamada ação positiva — "Gosto desta coisa, portanto, devo conservá-la; não gosto daquela, portanto, tenho de livrar-me dela". Mas, quando o observador percebe que a coisa em relação à qual está agindo é *ele próprio*, não há então conflito entre ele e a imagem. Ele *é ela.* Não está separado dela. Quando separado, ele fazia ou tentava fazer alguma coisa em relação a ela; mas, ao perceber que ele próprio é *aquilo*, não há mais gostar nem não gostar, e o conflito cessa.

Pois, o que ele pode fazer? Se uma coisa *é* você, o que você pode fazer? Não pode revoltar-se contra ela ou fugir dela ou mesmo aceitá-la. Ela *existe*. Assim, toda ação resultante da reação, de gostar e não gostar, cessa.

Você descobre, então, que há um percebimento que se torna extremamente vivo. Não está sujeito a nenhum fator central ou a alguma imagem, e dessa intensidade de percebimento provém uma diferente qualidade de atenção, e a mente, por conseguinte (pois a mente é esse percebimento), se torna sobremodo sensível e altamente inteligente.

CAPÍTULO 13

O que é Pensar? — As Idéias e a Ação — O Desafio — A Matéria — O Começo do Pensamento

Passemos agora a examinar a questão do pensar — o que é pensar — a significação desse pensamento que deve ser exercido com cuidado, lógica e equilíbrio (em nossas atividades diárias), e a significação do pensamento que nenhuma importância tem. A menos que conheçamos essas duas qualidades (de pensamento), não teremos possibilidade de compreender uma coisa muito mais profunda, que o pensamento não pode atingir. Tratemos, pois, de compreender toda a complexa estrutura que constitui o pensar, a memória — como o pensamento nasce, como o pensamento condiciona as nossas ações; e, compreendendo tudo isso, encontraremos talvez uma coisa que o pensamento jamais descobriu, uma coisa cuja porta o pensamento é incapaz de abrir.

Por que o pensamento se tornou tão importante em nossa vida? — o pensamento, que são idéias, reação às memórias acumuladas nas células cerebrais? Talvez muitos de vocês nem mesmo fizeram a si próprios uma pergunta dessas, ou, se a fizeram, devem ter dito: "Isso é de pouca importância, o importante é a emoção". Mas não vejo como separar as duas coisas. Se o pensamento não dá continuidade ao sentimento, o sentimento morre muito depressa. Assim, por que é que o pensamento assumiu, em nossa vida diária, nesta vida tormentosa, tediosa, assustada — tão desmedida importância? Pergunte a você mesmo, como estou perguntando a mim mesmo: "Por que somos escravos do pensamento — desse pensamento sagaz e engenhoso, capaz de organização, de iniciativas; que tantas coisas inventa, que tantas guerras engendrou e tanto medo criou, tanta ansiedade; que está perenemente criando imagens e "correndo atrás da própria cauda"; do pensamento que fruiu o prazer de ontem e a esse prazer deu continuidade no presente e também no futuro; desse pensamento que está sempre ativo, tagarelando, movendo-se, construindo, subtraindo, adicionando, supondo?"

As idéias se tornaram para nós muito mais importantes do que a ação — idéias tão habilmente expostas em livros pelos intelectuais, em todas as esferas de atividade. Quanto mais sagazes e sutis essas idéias, tanto mais as veneramos e aos livros que as contêm. Nós *somos* esses livros, *somos* essas idéias, tão fortemente condicionados estamos por elas. Estamos perpetuamente discutindo idéias e ideais e, dialeticamente, apresentando opiniões. Toda religião tem seu dogma, sua fórmula, seu próprio andaime para alcançar os deuses, e, como estamos investigando as origens do pensamento, estamos contestando a validade de todo esse edifício de idéias. Separamos as idéias da ação porque as idéias são sempre do passado, e a ação é sempre o presente — isto é, o viver é sempre o presente. Temos medo do viver e, por conseguinte, o passado, as idéias, tornaram-se tão importantes para nós.

É realmente muito interessante observar as operações de nosso próprio pensar, observar, simplesmente, como pensamos, a fonte de onde brota essa reação que chamamos pensar. Essa fonte é, obviamente, a memória. Existe de fato um começo do pensamento? Se existe, podemos achá-lo? — isto é, o começo da memória, porque, se não tivéssemos memória, não teríamos pensamento.

Já vimos como o pensamento sustenta e dá continuidade a um prazer que ontem fruímos, e como o pensamento também sustenta o contrário do prazer, o medo e a dor; de modo que o experimentador, que é o pensador, *é* o prazer e a dor, e também a entidade que lhes dá nutrição. O pensador separa o prazer da dor. Não percebe que na própria exigência de prazer está atraindo a dor e o medo. O pensamento, nas relações humanas, está sempre exigindo prazer, exigência que ele disfarça com palavras tais como lealdade, auxílio, dádiva, amparo, serviço. Pergunto-me: Por que queremos servir aos outros? O posto de gasolina oferece bons serviços. Que significam estas palavras: auxílio, dádiva, serviço? Que finalidade tem isso? Uma flor, cheia de beleza, de luz, de encantamento, essa flor diz: "Eu estou dando, ajudando, servindo"? Ela *é*! E, porque não está procurando fazer coisa alguma, ela abarca toda a Terra.

O pensamento é tão sutil, tão hábil, que deforma todas as coisas para sua própria conveniência. O pensamento, com sua exigência de prazer, traz sua própria servidão. O pensamento é o criador da dualidade, em todas as nossas relações: há, em nós, violência, a qual nos proporciona prazer, mas há também o desejo de paz, o desejo de ser bondoso, delicado. Isso é o que se passa a todas as horas, em nossa vida. O pensamento não só cria em nós essa dualidade, essa contradição, mas também acumula nossas inumeráveis memórias de prazer e de dor e dessas memórias renasce. Assim, o pensamento é o passado; o pensamento, como já disse, é sempre velho.

Como todo desafio é enfrentado em termos do passado — desafio que é sempre novo —, nossa maneira de enfrentá-lo será sempre totalmente inadequada, e daí decorre a contradição, o conflito, a aflição e o sofrimento a que estamos sujeitos. Nosso insignificante cérebro está em conflito, *não importa* o que faça. Não importa se aspira, se imita, se sujeita, se reprime, se sublima, se toma drogas para expandir-se — *o que quer que faça* —, ele se acha num estado de conflito e produzirá sempre conflito.

Os que pensam muito são autênticos materialistas, porque o pensamento é matéria. O pensamento é matéria, tanto quanto o assoalho, a parede, o telefone são matéria. A energia que funciona num padrão se torna matéria. Há energia e há matéria. É só isso que a vida é. Você pode pensar que o pensamento não é matéria; mas *é*. O pensamento, como ideologia, é matéria. Onde há energia, esta se converte em matéria. Matéria e energia estão relacionadas entre si. Uma não pode existir sem a outra. E quanto mais harmonia há entre ambas, tanto mais equilíbrio existe e tanto mais ativas estão as células cerebrais. O pensamento estabeleceu o padrão de prazer, de dor, de medo e dentro dele vem funcionando há milhares de anos, e não pode quebrá-lo, porque foi ele quem o criou.

Um fato novo não pode ser percebido pelo pensamento. Posteriormente, pode ser compreendido pelo pensamento verbalmente, porém a compreensão de um fato novo não é uma realidade para o pensamento. O pensamento jamais resolverá um problema psicológico. Por mais engenhoso, por mais sutil e erudito que seja, e qualquer que seja a estrutura que o pensamento cria, por meio da ciência, de um cérebro eletrônico, da compulsão ou da necessidade, o pensamento nunca é novo e, por conseguinte, jamais poderá resolver uma questão sumamente importante. O velho cérebro não pode resolver o enorme problema do viver.

O pensamento é tortuoso, porque pode inventar tudo e ver coisas que não existem. É capaz dos mais extraordinários truques e, portanto, não merece confiança. Mas, se você puder compreender toda a sua estrutura, por que você pensa, as palavras que emprega, o seu comportamento na vida diária, sua maneira de falar com as pessoas e de tratá-las, sua maneira de andar, de comer — se perceber todas essas coisas, então a sua mente não o enganará, então não haverá nada para enganá-lo. A mente não é então uma entidade que exige, que julga; torna-se sumamente quieta, flexível, sensível, *só*, e nesse estado não há engano de espécie alguma.

Você já notou que, ao se achar num estado de completa atenção, o observador, o pensador, o centro, o "eu" deixa de existir? Nesse estado de atenção, o pensamento começa a definhar.

Se uma pessoa deseja ver uma coisa muito claramente, deve ter a sua mente muito quieta, sem seus preconceitos, suas tagarelices, seus diálogos, suas imagens, seus quadros — tudo isso tem de ser posto à margem, para olhar. É só no silêncio que se pode observar o começo do pensamento, e não quando estamos buscando, fazendo perguntas e esperando respostas. Portanto, só quando há completa quietude em nosso ser, e fazemos a pergunta: "Qual a origem do pensamento?", começamos a ver, em virtude desse silêncio, como se forma o pensamento.

Se há o percebimento de como se inicia o pensamento, já não há necessidade de controlá-lo. Despendemos uma grande soma de tempo e desperdiçamos uma grande quantidade de energia, ao longo de toda a vida, e não apenas na escola, controlando os nossos pensamentos — "Este é um pensamento bom, devo pensá-lo muitas vezes", "Este é um pensamento mau, devo reprimi-lo". Trava-se uma eterna batalha entre um pensamento e outro, entre um desejo e outro (um prazer dominando todos os outros prazeres), mas se há o percebimento da origem do pensamento, nele já não existe nenhuma contradição.

Agora, quando você ouve uma asserção, tal como: "O pensamento é sempre velho" ou "O tempo é sofrimento", o pensamento começa a traduzi-la, a interpretá-la. Porém, a tradução e a interpretação baseiam-se no conhecimento, na experiência de ontem, de modo que, invariavelmente, você a traduz de acordo com o seu condicionamento. Mas, se olha essas asserções e não as interpreta de modo nenhum, dispensando-lhe, tão-só, sua atenção completa (*não* concentração), você descobre que não há observador nem coisa observada, que não há pensador nem pensamento. Não diga "Qual começou primeiro?" Essa é uma pergunta hábil, mas não conduz a parte alguma. Você pode observar em você mesmo que, quando não há pensamento — e isso não significa um estado de amnésia, de vacuidade — quando não há pensamento derivado da memória, da experiência ou do conhecimento, pois tudo isso é do passado, não há pensador nenhum. Isso não é matéria filosófica ou mística. Estamos tratando de fatos reais e, se me acompanhou até aqui, você passará a responder a cada desafio, não com o velho cérebro, porém de maneira totalmente nova.

CAPÍTULO 14

Os Fardos do Passado — A Mente Tranqüila — A Comunicação — A Realização — Disciplina — O Silêncio — A Verdade e a Realidade

Na vida que em geral levamos há muito pouca solidão. Mesmo quando estamos sós, nossa vida está tão repleta de influências, de conhecimentos, de memórias e experiências, de ansiedade, aflição e conflito, que nossa mente se torna cada vez mais embotada e insensível, funcionando numa monótona rotina. Estamos sós, alguma vez? Ou estamos transportando conosco todas as cargas de ontem?

Conta-se uma história interessante de dois monges que, caminhando de uma aldeia para outra, encontraram uma jovem sentada à margem de um rio, chorando. Um dos monges dirigiu-se a ela, dizendo: "Irmã, por que choras?" E ela respondeu: "Estás vendo aquela casa do outro lado do rio? Eu vim para este lado hoje de manhã cedo e não tive dificuldade em vadear o rio; mas agora ele engrossou e não posso voltar; não há nenhum barco". "Oh!", diz o monge, "Isso não é problema" — e levantou nos braços a jovem e atravessou o rio, deixando-a na outra margem. E os dois monges prosseguem juntos a jornada. Passadas algumas horas, diz o outro monge: "Irmão, nós fizemos o voto de nunca tocar numa mulher. O que fizeste é um horrível pecado. Não sentiste prazer, uma sensação extraordinária, ao tocar uma mulher?" — E o outro monge responde: "Eu a deixei para trás há duas horas. Tu ainda a estás carregando, não é verdade?"

É isso o que fazemos. Carregamos nossos fardos a todas as horas; nunca morremos para eles, nunca os deixamos para trás. É só quando dispensamos toda a nossa atenção a um problema e o resolvemos *imediatamente*, sem o transportarmos para o dia seguinte, o minuto seguinte — é só então que há solidão. Então, ainda que estejamos numa casa cheia de gente, ou viajando num ônibus, estamos em solidão. E essa solidão denota uma mente nova, uma mente inocente.

Ter silêncio e espaço interiores é muito importante, porque implica liberdade para existir, mover-se, atuar, voar. Afinal de contas, a bondade só pode florescer onde há espaço, assim como a virtude só pode medrar quando há liberdade. Podemos ter liberdade política, mas, interiormente, não somos livres e, por conseguinte, não há espaço. Nenhuma virtude, nenhuma qualidade valiosa, pode funcionar ou medrar sem esse vasto espaço interior. E o espaço e o silêncio são necessários, pois apenas a mente que está só, livre de influências, de disciplinas, do controle de uma infinita variedade de experiências, é capaz de encontrar-se com algo totalmente novo.

Cada um de nós pode verificar diretamente que só há possibilidade de clareza quando a mente se encontra em silêncio. No Oriente, a finalidade da meditação é produzir um estado mental capaz de controlar o pensamento, o que é a mesma coisa que recitar constantemente uma oração para aquietar a mente, esperando-se que, nesse estado, se compreenderão os problemas do indivíduo. Mas a menos que sejam lançadas as bases, ou seja, que se esteja livre do medo, livre do sofrimento, da ansiedade e de todas as armadilhas que armamos para nós mesmos, não vejo possibilidade de a mente ficar realmente quieta. Essa é uma das coisas mais difíceis de transmitir. A comunicação entre nós requer não só que você compreenda as palavras que estou empregando, mas também que ambas as partes, você e eu, estejam tensas ao mesmo tempo, nem um momento mais cedo ou mais tarde, e sejam capazes de encontrar-se no mesmo nível. Essa comunicação não é possível quando você está interpretando o que está lendo de acordo com seus próprios conhecimentos, seu prazer ou suas opiniões, ou quando está fazendo um tremendo esforço para compreender.

Um dos piores tropeços na vida — parece-me — é essa luta constante para alcançar, conseguir, adquirir. Desde a infância somos educados para adquirir e realizar; as próprias células cerebrais criam e exigem esse padrão de realização, a fim de terem segurança física, mas a segurança psicológica não se encontra no campo da realização. Exigimos segurança em todas as nossas relações, atitudes e atividades, mas, como já vimos, não existe realmente essa coisa chamada segurança. Se descobrir, por você mesmo, que não há nenhuma forma de segurança em qualquer espécie de relação — se perceber que, psicologicamente, nada existe de permanente, esse percebimento lhe proporciona uma maneira totalmente diferente de considerar a vida. É essencial, naturalmente, a segurança exterior — teto, roupa, comida —, mas essa segurança exterior é destruída pela exigência de segurança psicológica.

O espaço e o silêncio são necessários para ultrapassarmos as limitações da consciência, mas como pode ficar quieta uma mente que está sempre ativa em seu próprio interesse? Podemos disciplina-la, controlá-la, moldá-la, mas essa tortura não torna a mente quieta; só a torna embotada. Evidentemente, o mero cultivo do ideal de ter uma mente quieta é sem valor, porque, quanto mais a forçamos, mais estreita e estagnada ela se torna. Qualquer forma de controle, tal como a repressão, só produz mais conflito. Assim, o controle e a disciplina exterior não constituem o caminho certo, e tampouco tem algum valor uma vida *não-disciplinada.*

A vida de quase todos nós é exteriormente disciplinada pelas exigências da sociedade, pela família, por nosso próprio sofrimento, nossa própria experiência, pelo ajustamento a certos padrões ideológicos ou factuais, e essa forma de disciplina é a coisa mais maléfica que existe. A disciplina deve ser sem controle, sem repressão, sem nenhuma forma de medo. Como pode nascer essa disciplina? Não é — primeiro disciplina, depois liberdade; a liberdade está bem no começo, e não no fim. Compreender essa liberdade, que significa estar livre do ajustamento que a disciplina impõe, é disciplina. O próprio ato de aprender é disciplina (aliás, a própria raiz da palavra disciplina significa aprender), o próprio aprendizado transforma-se em clareza. A compreensão de toda a natureza e estrutura do controle, da repressão e da complacência requer atenção. Não é necessário impor disciplina para estudar, pois já o ato de estudar cria sua própria disciplina, sem repressão de espécie alguma.

Para rejeitarmos a autoridade (referimo-nos à autoridade psicológica e não à autoridade da lei), para rejeitarmos a autoridade de todas as organizações religiosas, de todas as tradições e da experiência, temos de ver por que, normalmente, obedecemos; temos, com efeito, de estudar isso. Esse estado exige que nos achemos livres da condenação, da justificação, da opinião, da aceitação. Ora, não podemos aceitar a autoridade e estudá-la; isso é impossível. Para se estudar toda a estrutura psicológica da autoridade, é preciso que exista liberdade dentro de nós mesmos. E, quando a estamos estudando, estamos rejeitando toda a sua estrutura e, quando rejeitamos, essa própria rejeição é a luz da mente livre da autoridade. A negação de tudo o que tem sido considerado valioso — como a disciplina externa, a liderança, o idealismo — é estudá-lo; então, esse próprio ato de estudar não só é disciplina, mas a negação dela, e a própria negação é um ato positivo. Assim, estamos negando todas as coisas consideradas importantes para promover a quietação da mente.

Como vemos, não é o controle que leva à quietação. Tampouco está quieta a mente ao ter um objeto que de tal maneira a absorve que ela se perde nesse objeto. Isso é como dar a uma criança um brinquedo interessante; a criança se torna quieta, mas tire dela o brinquedo e ela volta a fazer travessuras. Todos nós temos os nossos brinquedos que nos absorvem, e, por isso, pensamos que estamos muito quietos; mas, se um homem se dedica a uma certa forma de atividade, científica, literária ou qualquer outra, o brinquedo apenas o absorve e ele não está, em absoluto, totalmente quieto.

O único silêncio que conhecemos é o silêncio que vem quando cessa o barulho, o silêncio que vem quando o pensamento cessa; mas isso não é silêncio. O silêncio é coisa totalmente diferente, como a beleza, como o amor. Esse silêncio não é o produto de uma mente quieta, não é o produto de células cerebrais que, tendo compreendido toda a estrutura, dizem:

"Pelo amor de Deus, fique quieto!"; são, então, as próprias células cerebrais que produzem o silêncio, e isso não é silêncio. Tampouco é o silêncio produto da atenção em que o observador é o objeto observado; não há então atrito, mas isso não é silêncio.

Você está esperando que eu lhe descreva o que é esse silêncio, a fim de poder compará-lo, interpretá-lo, levá-lo e enterrá-lo. Ele é indescritível. O que pode ser descrito é o conhecido, e o estado livre do conhecido só pode tornar-se existente quando há um morrer todos os dias para o conhecido, para os insultos, as lisonjas, para todas as imagens que você tem formado, para todas as suas experiências: morrer todos os dias, para que as células cerebrais se tornem novas, juvenis, inocentes. Mas essa inocência, esse frescor, essa "qualidade" de ternura e delicadeza não produz o amor; não é a "qualidade" da beleza ou do silêncio.

Aquele silêncio, que não é o silêncio do fim do barulho, é só um modesto começo. É como passar por um túnel estreito para se chegar a um oceano imenso, vasto, extenso — a um estado imensurável, atemporal. Mas isso não se pode compreender verbalmente, a menos que se tenha compreendido toda a estrutura da consciência e o significado do prazer, do sofrimento e do desespero, e as próprias células cerebrais se tenham tornado quietas. Então, talvez você alcance aquele mistério que ninguém pode lhe revelar e nada pode destruir. Uma mente viva é uma mente quieta, uma mente viva é uma mente que não tem centro algum e, por conseguinte, não tem espaço nem tempo. Essa mente é ilimitada, e essa é a única verdade, a única realidade.

CAPÍTULO 15

A Experiência — A Satisfação — A Dualidade — A Meditação

Todos nós desejamos experiências de alguma natureza: a experiência mística, a religiosa, a sexual, a experiência de possuir muito dinheiro, poder, posição, domínio. Tornando-nos mais velhos, podemos ter acabado com as exigências dos nossos apetites físicos, porém exigimos experiências mais amplas, profundas, significativas e tentamos, por vários meios, obtê-las: expandindo a nossa consciência, por exemplo, o que com efeito é uma arte, ou tomando drogas de toda espécie. Esse é um velho expediente, que existe desde tempos imemoriais — mastigar um pedaço de folha ou experimentar o mais novo produto químico, a fim de provocar uma alteração temporária na estrutura das células cerebrais, uma sensibilidade maior e uma percepção mais intensa que proporcione um simulacro da realidade. Essa exigência de sucessivas experiências denota a pobreza interior do homem. Pensamos que por meio delas podemos fugir de nós mesmos, mas essas experiências são condicionadas pelo que somos. Se a mente é mesquinha, ciumenta, ansiosa, a pessoa poderá tomar a mais moderna droga, porém só verá sua própria e insignificante criação, as projeções sem importância de seu próprio fundo condicionado.

A maioria exige experiências completamente satisfatórias e duradouras, que não possam ser destruídas pelo pensamento. Assim, atrás dessa exigência está o desejo de satisfação, e esse desejo de satisfação dita a experiência; por conseguinte, temos de compreender não só essa matéria de satisfação, mas também a coisa que se experimenta. Ter uma grande satisfação é experimentar um grande prazer; quanto mais duradoura, profunda e ampla a experiência, tanto mais agradável e, portanto, o prazer dita a forma de experiência que queremos; o prazer é justamente a medida com a qual avaliamos a experiência. Tudo o que é mensurável encontra-se nos limites do pensamento e tem a propriedade de criar a ilusão. Você pode ter experiências maravilhosas e se sentir completamente frustrado. Você terá inevitavelmente visões em conformidade com seu condicionamento; verá o Cristo ou o Buda ou outro qualquer em quem crê e, quanto mais crente for, tanto mais intensas serão as suas visões, as projeções de suas exigências e ânsias.

Assim, se na busca de uma coisa fundamental, tal como a verdade, o prazer é a sua medida, você já projetou o que a experiência será e, por conseguinte, ela já não é válida.

Que entendemos por experiência? Há nela alguma coisa nova ou original? A experiência é um feixe de memórias reagindo a um desafio, e só pode reagir de acordo com o passado, e quanto mais hábil você for no interpretar a experiência, tanto mais reage a esse passado. Assim, você deve questionar não só a experiência de outrem, mas também a sua própria. Se você não reconhece uma experiência, não há experiência nenhuma. Toda experiência já foi experimentada, senão você não a reconheceria. Você reconhece que uma experiência é boa, má, bela, sagrada etc., conforme o seu condicionamento e, por conseguinte, o reconhecimento de uma experiência tem de ser inevitavelmente velho.

Quando exigimos uma experiência da realidade — como todos nós a exigimos, não? —, para experimentá-la, devemos conhecê-la e, tão logo a reconhecemos, já a projetamos e, portanto, ela não é real, porquanto está ainda no âmbito do pensamento e do tempo. Se o pensamento pode pensar sobre a realidade, isso não pode ser a realidade. Não se pode reconhecer uma experiência *nova*. É impossível. Só reconhecemos aquilo que já conhecemos e, por conseguinte, quando dizemos que tivemos uma nova experiência, ela não é absolutamente nova. A busca de mais experiência pela expansão da consciência, como se tem feito por meio de várias drogas psicodélicas, está ainda no campo da consciência e, por conseguinte, é muito limitada.

Descobrimos, pois, uma verdade fundamental, ou seja, que a mente que está buscando e ansiando por experiências mais amplas e profundas é uma mente muito superficial e embotada, porquanto está sempre vivendo com suas memórias.

Agora, se não tivéssemos experiência alguma, o que nos aconteceria? Dependemos de experiências, de desafios, para nos mantermos despertos. Se não houvesse conflito interior, se não houvesse mudanças, perturbações, estaríamos todos dormindo a sono solto. Assim, os desafios são necessários à memória das pessoas; pensamos que, sem eles, a mente se tornará estúpida e pesada e, por conseguinte, dependemos de um desafio, de uma experiência, para termos mais animação, mais intensidade, para termos uma mente mais penetrante. Mas, com efeito, essa dependência dos desafios e das experiências, para nos conservarmos despertos, só torna a nossa mente mais embotada ainda; não nos mantém realmente despertos. Assim, eu me pergunto: "É possível nos mantermos totalmente despertos — não superficialmente, em alguns pontos do nosso ser, porém totalmente despertos, sem nenhum desafio ou experiência?" Isso exige uma grande sensibilidade, tanto física como psicológica; significa que devo estar livre de todas as experiências, porque, no momento em que exijo uma experiência, eu a terei. E, para ficar livre da experiência de satisfação, torna-se necessária uma investigação de mim mesmo e uma compreensão total da natureza da exigência.

Toda exigência nasce da dualidade: "Sou infeliz, e tenho de ser feliz". Nessa própria exigência — tenho de ser feliz — está a infelicidade. Quando uma pessoa se esforça para ser boa, nesse próprio ser bom está o seu oposto — ser mau. Tudo o que se afirma contém o seu próprio oposto; e o esforço que se faz para dominá-lo torna mais forte aquilo contra que se luta. Quando você exige uma experiência da verdade ou da realidade, essa própria exigência nasceu de seu descontentamento com *o que é*; por conseguinte, a exigência cria o oposto. No oposto está *o que foi*. Temos, pois, de ficar livres dessa incessante exigência, porquanto, do contrário, nunca se acabará a galeria da dualidade. Isso significa conhecer a si próprio de maneira tão completa que a mente não mais se ponha a buscar.

A mente, então, não exige experiência; não pode pedir ou conhecer um desafio; ela não diz "Estou dormindo", "Estou acordada". Ela é, toda ela, o que é. Só a mente frustrada, limitada, superficial, condicionada, está sempre buscando *o mais*. Será possível, então, viver neste mundo sem *o mais* — sem essa eterna comparação? É, decerto, mas temos de descobri-lo por nós mesmos.

A investigação completa dessa questão é meditação. Essa palavra tem sido empregada, tanto no Oriente como no Ocidente, de uma maneira muito lamentável. Há diferentes escolas da meditação, diferentes métodos e sistemas. Certos sistemas ensinam: "Observe os movimentos do dedão de seu pé, observe-o, observe-o, observe-o"; outros advogam que se fique sentado numa certa postura, respirando regularmente ou praticando o percebimento. Tudo isso é completamente mecânico. Outro método dá-nos uma certa palavra, e nos diz que, se ficarmos repetindo essa palavra, ela nos proporcionará uma certa experiência fundamental, extraordinária. Isso é puro absurdo. É uma forma de auto-hipnose. Se ficarmos repetindo indefinidamente Amém ou Om ou Coca-Cola, é óbvio que teremos uma certa experiência, porque, pela repetição, a mente se aquieta. Esse é um fenômeno bem conhecido, praticado há milhares de anos na Índia; chama-se Mantra Ioga. Pela repetição pode-se induzir a mente a tornar-se branda e macia, entretanto ela continua pequenina, vulgar, mesquinha. O mesmo efeito se obteria com apanhar no jardim um pedaço de pau, colocá-lo sobre a lareira, e oferecer-lhe todos os dias uma flor. Daí a um mês o estaria adorando e, se deixasse de depositar uma flor diante dele, isso seria um pecado.

Meditação não é seguir um sistema; não é repetição e imitação constantes. Meditação não é concentração. Um dos truques de certos instrutores de meditação é insistirem em que os seus discípulos aprendam a concentração, ou sejá, fixar a mente num pensamento e expulsar todos os outros pensamentos. Essa é uma das coisas mais estúpidas e mais maléficas, e qualquer colegial é capaz de fazê-la, se obrigado a tal. Significa que você fica empenhado numa contínua batalha entre a obrigação de se concentrar, por um lado, e a sua mente, por outro, que se põe a fugir para outras e variadas coisas — quando, ao contrário, devemos estar atentos a cada movimento da mente, aonde quer que ela vá. Quando sua mente foge, isso significa que você está interessado em alguma outra coisa.

A meditação exige uma mente sobremodo vigilante; a meditação é a compreensão da totalidade da vida, na qual não existe mais nenhuma espécie de fragmentação. Meditação não é controle do pensamento, porque, quando o pensamento é controlado, gera conflito na mente; mas, quando se compreende a estrutura e origem do pensamento, assunto que já examinamos, o pensamento então não mais interfere. Essa compreensão da estrutura do pensar é sua própria disciplina, que é meditação.

Meditação é estar cônscio de cada pensamento e de cada sentimento, nunca dizer que ele é certo ou errado, porém simplesmente observar e acompanhar seu movimento. Nessa vigilância, compreender o movimento total do pensamento e do sentimento. E dessa vigilância vem o silêncio. O silêncio criado pelo pensamento é estagnação, coisa morta, porém o silêncio que vem quando o pensamento compreendeu a sua própria origem, sua própria natureza, compreendeu que nenhum pensamento é livre, porém velho — esse silêncio é meditação, no qual o meditador está de todo ausente, porque a mente se esvaziou do passado.

Se você leu este livro durante uma hora, isso é meditação. Se apenas recolheu umas poucas palavras e juntou algumas idéias, para sobre elas refletir mais tarde, isso então já não é meditação. Meditação é um estado em que a mente olha todas as coisas com *toda* a atenção e não apenas com algumas partes dela. Ninguém pode ensinar-lhe a prestar atenção. Se algum sistema lhe ensina a estar atento, você está então atento ao sistema, e isso não é atenção. A meditação é uma das maiores artes da vida — talvez *a maior de todas* —, mas não se pode de modo nenhum aprendê-la de alguém — e é aí que está a beleza dela. Ela não tem técnica e, por conseguinte, nenhuma autoridade! Quando você está aprendendo a se conhecer realmente, quando se observa, observa sua maneira de andar, de comer, o que diz, suas tagarelices, seu ódio, seu ciúme, se está cônscio de tudo isso, em você mesmo, sem nenhuma escolha, isso faz parte da meditação.

Assim, a meditação pode verificar-se quando você está sentado num ônibus ou passeando numa floresta toda de luz e de sombra, ou ouvindo o canto dos pássaros, ou olhando o rosto da sua mulher ou do seu filho.

Na compreensão dada pela meditação há amor, e o amor não é produto de sistemas, de hábitos, da observância de um método. O amor não pode ser cultivado pelo pensamento. O amor pode, talvez, nascer quando há silêncio completo, um silêncio no qual esteja de todo ausente o meditador; e a mente só é capaz de silêncio quando compreende seu próprio movimento como pensamento e sentimento. Para se compreender esse movimento de pensamento e de sentimento, não pode haver condenação enquanto se observa. Observar dessa maneira é disciplina, e essa qualidade de disciplina é fluida, livre, e assim não é a disciplina do ajustamento.

CAPÍTULO 16

A Revolução Total — A Mente Religiosa — A Energia — A Paixão

Em todas as páginas deste livro, o que sempre nos interessou foi a realização, em nós mesmos e, por conseguinte, em nossa vida, de uma revolução total fora da estrutura social ora existente. A sociedade, como atualmente está constituída, é uma coisa horripilante, com suas intermináveis guerras de agressão — não importa se agressão defensiva ou ofensiva. Necessitamos de uma coisa totalmente nova, de uma revolução, uma mutação na própria psique. O velho cérebro nenhuma possibilidade tem de resolver o problema humano das relações. O velho cérebro é asiático, europeu, americano ou africano, e, assim, interrogamos a nós mesmos se é possível operar-se uma mutação nas próprias células cerebrais.

Investiguemos, também, agora que chegamos a compreender-nos melhor, se é possível a um ente humano que vive sua vida normal de cada dia, neste mundo brutal, violento, cruel — um mundo que está se tornando cada vez mais eficiente e, por conseguinte, cada vez mais cruel —, se é possível a esse ente humano promover uma revolução não só em suas relações externas, mas também em toda a esfera do seu pensar, sentir, agir e reagir.

Todos os dias vemos ou lemos coisas aterradoras que estão acontecendo no mundo, como resultado da violência do homem. Você pode dizer: "Eu nada posso fazer a este respeito" ou "Como influir no mundo?" Eu acho que você pode influir no mundo de uma maneira admirável se em si mesmo você não for violento, se viver realmente, em cada dia, uma vida pacífica, uma vida sem competição, sem ambição, sem inveja, uma vida não causadora de inimizade. Pequenas chamas podem tornar-se um incêndio. Reduzimos o mundo ao seu atual estado de caos com nossa atividade egocêntrica, nossos preconceitos, nosso nacionalismo e, quando dizemos que nada podemos fazer a tal respeito, estamos aceitando como inevitável a desordem em nós mesmos existente. Partimos o mundo em fragmentos e, se nós mesmos estamos partidos, fragmentados, nossa relação com o mundo será também fragmentada. Mas se, quando agimos, agimos totalmente, então a nossa relação com o mundo passa por uma enorme revolução.

Afinal de contas, todo movimento que vale o esforço, toda ação de profunda significação, tem de começar em cada um de nós. Eu tenho de mudar primeiro; tenho de ver qual é a natureza e a estrutura da minha relação com o mundo — e no próprio ato de *ver* está o fazer — por conseguinte, como ente humano que vive neste mundo, devo criar uma coisa diferente, e essa coisa, a meu ver, é a mente religiosa.

A mente religiosa difere completamente da mente que crê na religião. Você não pode ser religioso e ao mesmo tempo hinduísta, muçulmano, cristão, budista. A mente religiosa nada busca, não pode fazer experiências com a verdade. A verdade não é uma certa coisa dita por seu prazer ou sua dor, ou por seu condicionamento hinduísta — ou qualquer que seja a religião a que você pertence. A mente religiosa é um estado de espírito em que não há medo e, por conseguinte, não há crença de espécie alguma, porém tão-só *o que é, o que realmente é.*

Na mente religiosa há aquele estado de silêncio que já examinamos, que não é produzido pelo pensamento, mas é oriundo do percebimento, ou seja, da meditação com completa ausência do meditador. Nesse silêncio há um estado de energia isento de conflito. Energia é ação e movimento. Toda ação é movimento e toda ação é energia. Todo desejo é energia. Todo sentimento é energia, todo pensamento é energia. Todo viver é energia. Toda vida é energia. Se se deixa essa energia fluir sem nenhuma contradição, nenhum atrito, nenhum conflito, ela é então ilimitada, infinita. Quando não há atrito, não há limites à energia. O atrito é que dá limites à energia. Assim, percebido isso, por que é que o ente humano sempre introduz o atrito na energia? Por que cria atrito, nesse movimento a que chamamos vida? A energia pura, a energia ilimitada é para ele apenas uma idéia? Não tem realidade?

Necessitamos de energia, não só para promovermos a revolução total em nós mesmos, mas também para podermos investigar, olhar, atuar. E, enquanto houver atrito, de qualquer natureza, em qualquer de nossas relações, seja entre marido e mulher, seja entre um homem e outro, entre uma e outra comunidade, ou uma e outra nação, ou uma ideologia e outra — se há qualquer atrito, interior ou exterior, em qualquer forma, por mais sutil que seja —, há desperdício de energia.

Enquanto houver um intervalo de tempo entre o observador e a coisa observada, esse intervalo criará atrito e, por conseguinte, desperdício de energia. Essa energia se acumula até o mais alto grau quando o observador é a coisa observada, e nisso não há nenhum intervalo de tempo. Haverá então energia sem motivo, a qual encontrará seu próprio canal de ação, porque, então, o EU não existe.

Necessitamos de uma enorme abundância de energia para compreender a confusão em que estamos vivendo, e o sentimento "tenho de compreender" produz a vitalidade necessária para a compreensão. Mas o descobrir, o investigar, implica o tempo, e, como já vimos, o gradual descondicionamento da mente não é a maneira certa de proceder.

O tempo também não é o caminho certo. Quer sejamos velhos, quer jovens, é *agora* que o integral processo da vida pode ser levado a uma dimensão diferente. A busca do oposto *do que somos* não é, tampouco, o caminho certo e também não o é a disciplina artificial imposta por um sistema, por um instrutor, um filósofo ou sacerdote; tudo isso é muito infantil. Ao percebermos isso, perguntamos a nós mesmos: "Será possível libertarmo-nos imediatamente desta secular e pesada carga de condicionamento, sem cairmos noutro condicionamento — sermos livres, com a mente completamente nova, sensível, viva, alertada, intensa, capaz?" Eis o nosso problema. Não há outro problema, porque, quando a mente se renova, ela é capaz de enfrentar e resolver qualquer problema. É essa a única pergunta que temos de fazer a nós mesmos.

Mas nós não a fazemos. Preferimos ser ensinados. Um dos aspectos mais curiosos da estrutura da nossa psique é o querermos, todos nós, ser ensinados, porquanto somos o resultado de uma propaganda de dez mil anos. Queremos ver o nosso modo de pensar confirmado e corroborado por outrem, ao passo que fazer uma pergunta é fazê-la a nós mesmos. O que eu digo tem pouco valor. Você o esquecerá no mesmo instante em que fechar este livro, ou se lembrará de algumas frases, as quais ficará repetindo, ou comparará o que aqui leu com o que leu noutro livro; você não quer olhar de frente a sua própria vida. E só ela é que importa: a sua vida, você mesmo, sua mediocridade, sua superficialidade, sua brutalidade, sua violência, sua avidez, sua ambição, sua diária agonia e infinito sofrer; é isso que você tem de compreender, e ninguém, nem na Terra, nem no céu, pode salvá-lo, senão você mesmo.

Vendo tudo o que se passa em sua vida diária, em suas atividades cotidianas, quando escreve, quando fala, quando sai de carro ou passeia a sós numa floresta, você consegue, num só alento, num só olhar, conhecer a si mesmo, muito simplesmente, tal como é? Quando se conhecer como é, você compreenderá então toda a estrutura da luta do homem — seus embustes, suas hipocrisias, sua busca. Para tanto, você tem de ser sumamente honesto perante si mesmo, em todo o seu ser. Quando age de acordo com seus princípios, você está sendo desonesto, porque, quando age conforme o que julga ser correto, você não é o que é. É uma coisa brutal — ter ideais. Se tem ideais, crenças ou princípios de qualquer espécie, você não pode de modo nenhum olhar para si diretamente. Portanto, você pode ser completamente negativo, manter-se inteiramente tranqüilo, sem pensar, sem temer, e ao mesmo tempo estar extraordinariamente, apaixonadamente vivo?

Aquele estado em que a mente já não é capaz de lutar constitui a verdadeira mente religiosa, e, nesse estado mental, você pode se encontrar com essa coisa denominada verdade ou realidade ou bem-aventurança ou Deus ou beleza ou amor. Essa coisa não pode ser invocada. Por favor, compreenda esse simples fato. Ela não pode ser invocada, não pode ser buscada, porque sua mente é tão estúpida e limitada, suas emoções tão vulgares, sua maneira de vida tão confusa, que essa imensidade, essa coisa ilimitada não pode ser chamada a sua pequena casa, ao insignificante canto em que vive, tão pisado e cuspido. Você não pode invocá-la. Para invocá-la, você deve conhecê-la, e você não pode conhecê-la. No momento em que alguém, não importa quem, diz: "Sei" — não sabe. No momento em que diz que achou, não achou. Se diz que a experimentou, nunca a experimentou. Tudo isso são maneiras de explorar um homem — seu amigo ou inimigo.

Perguntamos então, a nós mesmos, se é possível encontrarnos com essa coisa sem a invocarmos, sem a esperarmos, sem a buscarmos ou explorarmos — se é possível que ela "aconteça", tal como a brisa fresca que entra na sala quando deixamos a janela aberta. Você não pode convidar o vento a entrar, mas tem de deixar aberta a janela — o que não significa ficar num estado de espera; essa é uma outra maneira de nos enganarmos. Não significa que você deva "abrir-se" para receber; essa é uma outra forma de pensamento.

Você nunca perguntou a si mesmo por que aos entes humanos falta essa coisa? Eles geram filhos, satisfazem o sexo, têm ternuras, a capacidade de compartilhar as coisas num estado de companheirismo, de amizade, de camaradagem, mas essa coisa — por que razão não a têm? Nunca lhe ocorreu, num momento de folga — ao andar sozinho por uma rua imunda, ao viajar num ônibus, ao passar umas férias à beira-mar, ao passear numa floresta, entre os pássaros, as árvores, os regatos, os animais selvagens — nunca lhe ocorreu perguntar por que razão o homem, que vive há milhões e milhões de anos, ainda não possui essa coisa, essa flor maravilhosa e imarcescível; por que razão você, um ente humano, dotado de tanta capacidade, tanta inteligência, tanta sutileza; você, que tanto compete, que possui uma tão maravilhosa tecnologia, que é capaz de elevar-se aos espaços e de descer ao fundo do mar, de inventar fantásticos cérebros eletrônicos — por que razão não possui essa única coisa verdadeiramente importante? Não sei se alguma vez já considerou seriamente essa questão: Por que está vazio o seu coração? Que responderia se fizesse a si mesmo essa pergunta: qual seria sua resposta imediata, inequívoca, sem sutilezas? Sua resposta deveria corresponder à intensidade com que fez a pergunta e ao seu sentimento de urgência; mas você não é intenso, nem sente essa urgência, e isso porque você não tem energia, a energia que é paixão — pois nenhuma verdade se pode descobrir sem paixão — paixão impelida por intenso fervor, paixão sem nenhum desejo secreto. A paixão é uma coisa um tanto assustadora, porque, se tem paixão, você não sabe aonde ela o levará.

Assim, será o medo a razão por que não possui a energia dessa paixão, para descobrir por si mesmo por que lhe falta essa essência do amor, por que não arde em seu coração essa chama? Se você examinar com muita atenção sua mente e seu coração, saberá por que não a tem. Se é apaixonado, no descobrir por que não a possui, ela se mostrará a você. Só pela negação completa, a mais elevada forma da paixão, torna-se existente essa coisa que é o amor. Como a humildade, você não pode cultivar o amor. A humildade vem à existência com a total cessação da presunção — e, então, você jamais saberá o que é ser humilde. O homem que sabe o que significa ter humildade é um homem vaidoso. Do mesmo modo, quando aplica sua mente e seu coração, seus nervos, seus olhos, todo o seu ser, a descobrir o caminho da vida, a ver o que realmente é, e a ultrapassá-lo, a rejeitar total e completamente a vida que hoje vivemos — nessa negação do maléfico, do brutal, torna-se existente a outra coisa. E você nunca o saberá. O homem que sabe que está em silêncio, o homem que sabe que ama, não sabe o que é o amor ou o que é o silêncio.

SOBRE O AUTOR

Jiddu Krishnamurti nasceu na Índia em 1895 e foi educado na Inglaterra. Embora não tenha ligações com nenhuma organização filosófico-religiosa nem se apresente com títulos universitários, ele fez conferências para grupos de líderes intelectuais nas maiores cidades do mundo, durante várias décadas.

Além dos livros publicados pela Editora Cultrix, grande número de publicações, de palestras e conferências suas foram lançadas em português, com êxito igual ao obtido quando publicadas em espanhol, francês, alemão, holandês, finlandês e vários outros idiomas, além do original em inglês.